JN000730

図解

お金持ち
トップ1%だけが知っている

Wealth: Secrets of
the top 1 percent

お金に
好かれる習慣

Habits loved by

MONEY

㊙情報取材班［編］

青春出版社

お金に使われる人生

「"お金" が中心の人生」。生活に余裕がなく、自分を殺して「お金になる仕事」をするなど、常にお金の不安がつきまとい、お金に振り回される。

お金を使う人生

「"わたし" が中心の人生」。豊かな暮らしで、人を喜ばせて自己効力感に満たされる働き方をする。自分のしたいことにお金を使い、人生を謳歌する。

そして、

いま、自分はどちらだろう

どちらに進んでいるのだろう

まえがき ── 「お金に使われる人生」から「お金を使う人生」に

「もし、ここに2億円あったら、何に使いますか?」

　4割のお金で、美味しいものを食べたり、欲しい服やクルマを買ったり、移住したりしましょう。家族や友人のために使いましょう。3割のお金は、この先を考えて貯金しましょう。残りの3割のお金は、投資など資産運用に使いお金を増やしましょう。思い描くだけでワクワクするものです。

　さて、人生を俯瞰して考えてみましょう。企業に勤める会社員が生涯で得られるお金は、2億〜3億円と言われますが、いま、お金をワクワクして使えているでしょうか。先月の家計簿を見てみましょう。どんなことを考えますか?「今月は切り詰めないと」「お金を貯めないと」「お金がない、どうしよう」……。

　そんな、お金に悩まされてばかりの人生から抜け出して、「お金持ちになりたい」と、誰もが願うところです。でも、「自分は才能もないし、運もよくない。お金持ちになるなんて、とうてい無理だろう。そんな絵空事をとやかく考えてもしかたがない。今を乗り切るしかない!」とまた、がんばり屋のあなたはその場を乗り切ります。しかし、根本的な解決にはならないので、また、ため息をつく。そのループにはまり込んでいくかもしれません。

「お金持ちが偉いわけじゃないし、お金が人生のすべてではない」

　その通りです。家族や友人とのひととき、自己実現の達成感、安心で幸せな暮らし……。これらは、お金で買えるものではなく、お金持ちでも持っていないかもしれません。あくまでお金は「手段」で、「人生の目標」ではないのです。

　しかし、お金があるとどうでしょう。さらに多くのことができるような気がしませんか?　お金から自由になって望むことをする。それがお金持ちになるということです。

現代は「世界の億万長者上位 2153 人が世界の総人口の 6 割にあたる 46 億人の資産を上回る」時代です。お金持ちには、「家業を受け継いだ者」「わが身ひとつで大出世を遂げた者」「投資でお金を増やした者」など、さまざまなタイプがいます。お金持ちたちに、我々取材班は疑問をぶつけてみました。

「どうやったら、お金持ちになれるのか」

　この疑問から返ってきた答えから、お金持ちの思考や行動に共通点があることに気がつきました。「お金持ち」と「普通の人」の差、それは“習慣”にあるのではないか。そう考え、彼らが日々どんなことに気を使い、どんなことを考え、どう行動しているか——そんな日々の習慣と教えを本書に記しました。

「なぜ、習慣でお金持ちになれるのか」

　いつの時代も、危機は突然訪れます。お金持ちも例外なくその煽りを受けますが、真のお金持ち、成功者は、どんな時代でもお金持ちで成功者です。なぜでしょうか。

　それは、たまたま手にしたお金や成功ではなく、「習慣」でつかみ取ったからです。どんな危機にさらされても、ぶれずに「お金に好かれる習慣」を続ける。——それが分岐点だったと、我々取材班は確信しています。お金持ちや成功者たちは、周りからは見えない習慣を“根付かせ”、危機を乗り越えて“芽が出て”、私たちがうらやむような成功の“花を咲かせていた”のです。

　本書は、才能や家系によらないお金持ちのなり方を紹介します。「行動」「運」「資産運用」「人間関係」「働き方」「ライフプラン」「学び」、この 7 つの習慣から、自分はどれができていないか、気になる項目から読んで、習慣を見直すきっかけにしてください。そして、自分なりに行動を起こしてみてください。続けるほどに、「お金に使われる人生」から「お金を使う人生」に変わるはずです。

　さて、お金を使う人生に変わったら、何がしたいですか？

2021 年 9 月　　㊙情報取材班

図解 お金持ち トップ１％だけが知っている　お金に好かれる習慣 ◇ 目次

まえがき　──「お金に使われる人生」から「お金を使う人生」に.................. 4

PART **I** お金持ちの「**行動**」習慣

CHAPTER 1

なぜ、お金持ちになりたいのか
─自分を動かす「原動力」の秘密─

001 "転機"であれば、リスクがあってもあえてする............................ 16
002 全財産わずか 3000 円、そのとき、何をするか.......................... 18
003 大事にしたい"迷いをただす人"と"決断を支える言葉"................ 20
004 「理想の人をもつ」それだけで、自分を動かす活力に 22
005 「ダメな自分」をイメージする人ほど、不安に駆られて動けない 24
006 「あれが欲しい」も、成功に導く立派なモチベーション①.................. 26
　お金持ちになるヒント 2153 人の富は、46 億人分より上回る　27
007 「あれが欲しい」も、成功に導く立派なモチベーション②.................. 28
　お金持ちになるヒント 「日本のお金持ち」は、世界ランクでどれくらい？　29
008 成功者は、モチベーションを育て続ける 30
　　SPECIAL INTERVIEW
　　「できない理由」ばかり探しては、いつまで経っても進まない 32

CHAPTER 2

どんな時間の使い方をすればいいか
─お金持ちの「時間」の哲学─

009 行動しなければ、失敗はなくとも、成功もない 34
010 逃がしてはいけない、モチベーションがもっとも高い"瞬間"............ 36
011 人生は選択の連続、「迷う時間」の価値 37
012 熟慮に熟慮を重ねている間に損なわれているモノ 38

CHAPTER 3

なぜ、私は成功しないのか

─結果に結びつく「努力」の仕方─

013 やればやるほど成功から遠ざかる「報われない努力」 40

014 「完璧主義」と「6割主義」の決定的な差 42

015 理想への一番の近道は、「理想の人」をつくること 44

お金持ちになるヒント 普通の人とは一味違う、お金持ちの奇妙な習慣　45

016 「一人で成果を出す」から「人に任せて成果を出す」へのステップアップ... 46

✳ SPECIAL INTERVIEW
　人の心をつかんだ、名経営者のゴツゴツした手 48

PART Ⅱ お金持ちの「運をつかむ」習慣

CHAPTER 4

どうやって失敗からやり直せられるか

─折れない「逆転」思考─

017 「もうダメだ……」人間の真価はどん底で試される 52

018 「失敗はあきらめなければ、失敗ではない」の真意 54

019 成功者ほど、ネガティブ思考 56

020 会社の倒産、住む家をなくす……、その後の大逆転の舞台裏 58

021 お金持ちが「成功」よりも、多く経験していること 60

022 失敗は怖れるものではなく、成功への糧になる 61

023 ピンチがチャンスになるきっかけは、想定外から 62

CHAPTER 5

なぜ、運が回ってこないのか

─千載一遇の「チャンス」の見極め方─

024 「前例がない」は、最高のチャンス 64

025 人がやらないことにチャンスは眠る 66

お金持ちになるヒント 成功者に共通する5つの習慣　67

026 「NO」か「YES」か、チャンスが隠れている口ぐせ 68

お金持ちになるヒント 成功者が絶対に使わない口ぐせとは？ 69

027 チャンスをモノにする人は「口説き上手」.................................... 70

028 「斜陽産業は儲からない」、常識を打破する非常識思考のすすめ 72

お金持ちになるヒント 富裕層はどれくらいの割合で存在している？ 73

029 「顧客第一主義」に、陥りがちな落とし穴 74

お金持ちになるヒント 売上の46％は、コアファンが占める!? 75

030 チャンスに愛される人は「メールの返し方」が違う 76

 ＊ SPECIAL INTERVIEW
   運を頼らない人ほど、運を引き寄せる 78

CHAPTER 6

どのように、インスピレーションを働かせるか
―お金を生む「アイデア」の源泉―

031 「儲かるアイデア」を発想できる人の目の付け所.......................... 80

032 「儲からないだろう」と思われるものこそ、バカ当たり 82

お金持ちになるヒント 成功する起業家の特徴５選 83

033 専門知識なし、愛想なし、口も達者でない……。
   ビジネスはアイデア力で切り拓ける 84

お金持ちになるヒント 失敗する起業家の特徴５選 85

034 大儲けのカギは「ギャップ」にあり 86

お金持ちになるヒント お金持ちが担いでいるゲン５選 87

035 「これはビジネスになる！」売れるアイデアのつかみ方 88

036 ビジネスチャンスを見つけたのは「母親の介護」...................... 90

037 成功と失敗の分岐点は「ゼロベース」...................................... 92

 ＊ SPECIAL INTERVIEW
   「お金があるときこそ借金をしなさい」って、なぜ？ 94

─── CHAPTER 7 ───

なぜ、お金の稼ぎ方より使い方が大事か
─「消費」の美学─

038 「お金を使うスキル」なくして、お金持ちはありえない 98

お金持ちになるヒント お金持ちは何にお金を使っている？　99

039 「100万円分のワインを買え」、鑑識眼をいっきに身につける方法....... 100

040 セレブがプライベートジェットを買う、予想外の理由 102

お金持ちになるヒント セレブ御用達の雑誌とは？　103

041 100万円使う資産家が、100円のムダ使いを嫌う理由 104

042 倹約家のお金持ちはいても、ケチはいない 105

043 ムダな出費を元手に、投資でお金を増やす 106

＊ SPECIAL INTERVIEW
　お金持ちか、貧乏人のままか、その明暗の分かれ目 108

─── CHAPTER 8 ───

どうして、お金から自由になれないか
─「資産の価値観」をリセット─

044 働いても楽にならない……。ラットレース脱出の唯一の方法 110

045 「フロー型」と「ストック型」どちらを選ぶか 111

046 資産運用を始める、その前にすべきたったひとつのこと 112

047 自ら損を認める「損切り」の鉄則 114

048 投資の神様が大事にしている「投資の基本法則」............................... 116

049 投資リスク回避の定石「ひとつの籠に卵を盛るな」の真意 118

─── CHAPTER 9 ───

どうすれば、投資に成功できるのか
─お金持ちの「投資戦略」─

050 不労所得だけで生活するには元手がいくら必要か 120

お金持ちになるヒント お金持ちが資産運用で心がけていること5選　121

051 するか、しないかで倍の差が出る「複利」..............................122

お金持ちになるヒント 「土地と金融資産」の投資選択 **123**

052 「年齢」「投資資金」「銘柄数」……、リスク管理の大原則.............124

053 レバレッジをかけるか、コツコツやるか……、資産運用の原則.........126

054 成功率たった5%の、手を出してはいけない投資.....................128

055 プロの投資家よりも稼ぐ、小さくも大きい一手.........................129

056 自動的に年間500万円入る不動産投資のしくみ.......................130

✳ SPECIAL INTERVIEW
「株式投資」か、「不動産投資」か、サラリーマンの戦略とは.............132

PART **IV** お金持ちの「**人間関係**」の習慣

CHAPTER 10

どこに、成功に導いてくれる人がいるか
―間違えてはいけない「人脈」の大原則―

057 「知り合い」と「人脈」、勘違いしてはいけない、その区別.................136

058 名刺を交換した後にすべき"たったひとつ"のこと.....................138

お金持ちになるヒント 相手の心をつかむメール術4選 **139**

059 「愚痴を言い合う環境」が、何をもたらすか.............................140

060 バカにしてはならない、成功者の輪に入り込む努力.....................142

お金持ちになるヒント お金持ちが多いのは、何県? **143**

061 成功者は、もれなく持っている精神的支柱「メンター」.................144

お金持ちになるヒント ユダヤに受け継がれる成功法則6選 **145**

062 自分に合ったメンターの探し方.....................................146

063 人の本性は、外見には表れない.....................................147

✳ SPECIAL INTERVIEW
人脈の本質は、「誰と付き合うか」よりも「誰と付き合わないか」.......148

CHAPTER 11

どんな、家庭環境がお金持ちを育むのか
―一生の財産になる「親と子」の言葉―

064 世界一身近な教科書「親の働き方」を、どう感じ取るか.................150

065 貧富の差よりも大切な「自己肯定感を育む環境」............. 152

066 親の「この言葉」「この習慣」が、稼ぐ能力を引き出す........ 153

067 頭でっかちな人ほど「リスクも卓上の空論」だと知らない...... 154

★ SPECIAL INTERVIEW
人から軽く見られている、そのとき何をするか................. 156

───── CHAPTER 12 ─────

なぜ、他人にお金を使う人ほど、儲けるのか
―知らないと損する「応援の循環」―

068 他人の夢を応援する人ほど、自分の夢を叶える深い意味......... 158

069 お金持ちに、料理好きが多いのにも理由があった............. 160

★ SPECIAL INTERVIEW
お金持ちは、お金がないときから、人のために使う........... 162

PART Ⓥ お金持ちの「働き方」習慣

───── CHAPTER 13 ─────

どうして、成功者はノートで夢を叶えるのか
―最安の投資「ノート」の使い方―

070 成功を引き寄せるのは、あやふやな「意志」に頼らない....... 166

071 紙に書くだけで、「常に目標に向かう姿勢」がつくられる...... 168

072 目標を達成できる人は「紙の使い方」が違う！............. 169

───── CHAPTER 14 ─────

どうやったら、一般会社員から抜け出せるか
―「肩書き」の枠を外す思考法―

073 コンプレックスを敵にし続けるか、味方に変えるか........... 170

074 「肩書きを変える」ビジネス拡大の強力なきっかけ........... 172

075 「勝手に専門家を名乗る」で、チャンスを手に入れる......... 173

CHAPTER 15

どんな仕事が天職か

―好きで、稼げる「仕事の見つけ方」―

076 仕事の選び方は「高条件」か、それとも「好き」か 174

077 机周りは、「きれいにすればいい」ってワケじゃない 176

078 転職を繰り返して天職を見つける人、見つけられない人 178

079 「夢中になったもの」は、一生の財産になる 180

080 「自分だけの成功」のヒントは子供の頃の夢にあり 181

081 趣味がお金に化ける、誰もがもつそのきっかけとは 182

お金持ちになるヒント 才能を見つける方法5選　183

SPECIAL INTERVIEW
成功するには、特別な才能が必要か 184

PART Ⅵ　お金持ちの「ライフプラン」習慣

CHAPTER 16

なぜ、目の前の仕事ばかりではいけないのか

―5年後の人生を一変させる「計画表」―

082 確実に理想の人生に進む、「ライフプラン」のすすめ 188

083 人生、苦労する人は、目の前のことしか見ていない 189

084 お金持ちほど、お金よりもスケジュール帳を大事にする 190

085 スケジュール帳は、予定の確認だけにあらず 192

お金持ちになるヒント 仕事がデキる人の休日の過ごし方5選　193

086 「計画表には、愚痴をこぼしなさい」、人生を豊かにするその秘訣 194

お金持ちになるヒント お金持ちになれない人の習慣5選　195

SPECIAL INTERVIEW
大きく儲ける人ほど、こんな非常識な目標を掲げる　196

CHAPTER 17

どこで、お金持ちとの差がつくのか

―1日の充実度は「朝と夜」で作られる―

087 新聞、読書、独学……、自己投資の効率がいい「ゴールデンタイム」...198

088 お金持ちが「早起き」で育てていた、セルフコントロール 200

お金持ちになるヒント 早起きの効用6選　201

089 偉業を成し遂げる人は、朝に何をするか 202

お金持ちになるヒント 成功者は早起きして何をしているのか？　203

090 「夜に仕事をする」に隠されたトラップ 204

091 願望を自分に刷り込む、イメージトレーニング 206

CHAPTER 18

なぜ、成功者は、成功し続けられるのか
―心と体の「メンテナンス」の基本―

092 聞きたくないけどホントの話「命はお金で買える」とは 208

093 戦略的"ボーッとする"のすすめ 209

094 お金持ちがお金に糸目をつけない「健康への投資」 210

PART Ⅶ お金持ちの「学ぶ」習慣

CHAPTER 19

何を聞けば、知識がお金に変わるのか
―お金持ち「情報リテラシー」講座―

095 お金持ちは、「知識」と「情報」に哲学があった 214

096 連想ゲームで、ビジネスはもっと成功する！ 215

097 「専門家の経済予測」で、何がわかるか 216

098 プロのアドバイスを「聞く」「聞かない」を超えた第三の利用法 218

099 情報を発信している人ほど、情報が集まる 220

お金持ちになるヒント リッチマンとプアマンの話題の違い　221

SPECIAL INTERVIEW
「信じる」か、「疑う」か、二元論を超えた聞く力 222

── CHAPTER 20 ──

なぜ、成功者は全員、学び好きなのか
―バカにできない「教養」の必需性―

100 お金持ち流の「ワインの愉しみ方」から、何がわかるか 224
101 ビジネス成功者ほど、古典芸能に詳しい理由　その１ 226
102 ビジネス成功者ほど、古典芸能に詳しい理由　その２ 227
103 家計簿をつけられる大人ほど、金銭感覚が鋭い 228
104 「取ってトクする資格」「ムダになる資格」の見分け方 230
お金持ちになるヒント　お金持ちに多い職業は何？　231

── CHAPTER 21 ──

どうして、お金持ちは共通して本を読むのか
―最大の自己投資「読書」のすすめ―

105 成功者は、総じて超読書家である真相 232
106 時間を有効活用する読書家は、まず"ここ"をチェックする 234
107 頭のいいお金持ちほど、"ムダな本、ムダなセミナーはない"と断言する理由.. 236
108 超読者家のお金持ちは、どんなジャンルを読むのか 237
109 お金持ちはマンガからも「知恵」を手に入れる 238
＊ SPECIAL INTERVIEW
「歴史は繰り返す」を知っている人は、成功のチャンスを逃がさない 240

あとがき　──格差の時代に生き残る習慣を身につけるには 243

「心に火をつける成功者の金言」一覧... 244
「お金持ちの課題図書」一覧 253
参考文献.. 254

本書は、『お金持ち100人の秘密の習慣大全』（小社刊/2016年刊）を改題、再編集したものです。

PART

お金持ちの
「行動」
習慣

成功者やお金持ちは驚くほど共通した考え方
や行動様式を持っています。このパートでは、
「行動の原動力」「時間の哲学」「結果を出す努
力」の3つの視点から、彼らの習慣に迫って
いきます。彼らが日々行っていることを知り、
学び、マネをすれば、成功者やお金持ちに一
歩近づけることでしょう。習慣を変えれば、
考え方が変わります。考え方が変われば、行
動が変わります。行動が変われば、結果はお
のずと変わります。

CHAPTER 1

なぜ、お金持ちになりたいのか
―自分を動かす「原動力」の秘密―

001 "転機"であれば、リスクがあってもあえてする

　成功するためには、「行動する」ことが必要です。小さな行動が、大きな結果につながっていくのだと、多くの成功者は語ります。

　東京をはじめ全国に数件のレストランを展開、大成功を収めているオーナーシェフH氏の成功のきっかけも、ひとつの小さな行動でした。

「当時、フランスのある三ツ星レストランで修業を積んでいたのですが、2年経っても鍋洗いで、焦っていました」とH氏は回想します。

　あるとき、店のオーナーシェフが新しいソース作りに悪戦苦闘していました。そのときH氏は、日本の醤油をプレゼントしたのです。これが彼の人生を変えた「ひとつの小さな行動」でした。

　ソースはフランス料理の味の決め手であり、どんなソースを作り出すかが、その店の価値を決めるといっても過言ではないでしょう。ソース作りはシェフの専権であり、下っ端の鍋洗いが口を出せるようなことではありません。徒弟制度の厳しい料理界でそんなことをすれば、十中八九シェフの怒りを買うことになるでしょう。

　でも、H氏は必死でした。「もっと高度な教えを請いたい」「実りのある修業を積みたい」という想いからこのような非常識な行動に出たのです。幸い、シェフは醤油を気に入ってくれました。そして、H氏を鍋洗いから引き上げてくれたばかりか、面倒を見てくれるようになったのです。

　H氏は、「幸運だった」といいますが、その幸運を作り出したのは本人です。鍋洗いからステップアップする転機を自ら作ったからです。

　当たり前のことをしていたのでは、成功に不可欠な学びを得ることはできません。人がやらないことをあえてする。その決断と行動力によって、他の人と差をつける経験を手元に引き寄せることができるのです。

　「でも一か八かですよ。自分がオーナーシェフになった今、下っ端の大胆な行動を認められるかと問われると、正直自信はないですけどね」 とH氏。

　みなさんは、転機を作るためにあえてリスクをおかす勇気をお持ちでしょうか？　なるべくなら波風を立てずに過ごしたいですよね？　でも、お金持ちになるためには、リスクのある「決断」がどこかで必要だということをH氏のエピソードが教えてくれます。

どちらの道を選ぶか

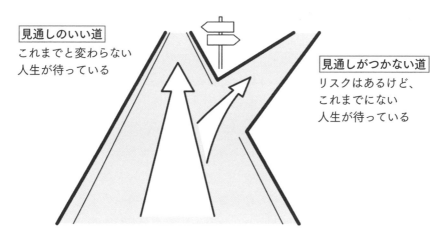

見通しのいい道
これまでと変わらない
人生が待っている

見通しがつかない道
リスクはあるけど、
これまでにない
人生が待っている

心に火をつける成功者の金言

**失敗することを恐れるよりも
真剣でないことを恐れたほうがいい**

パナソニック創業者　松下幸之助

リスクが怖いですか？　　リスクの捉え方は［021］へ

17

002 全財産わずか3000円、そのとき、何をするか

どん底から這い上がり、成功する人たちがいます。

彼らに共通するのは、**大きな失敗をしても、どんな不利な状況に追い込まれても、それをマイナス、絶望と捉えないこと**です。むしろ、不利な状況でも、大きな「決断」をし、それを成功のきっかけにしているのです。

IT企業で一度は成功した元社長O氏もそんなたくましい人物の一人。彼は自ら創業した会社を上場するまでに成長させましたが、内部の権力闘争に敗れ、会社を追われてしまいました。このとき、O氏の全財産はわずか3000円。文字通り、無一文への転落です。

そんなとき、たまたま建設中の高層マンションに目がとまりました。モデルルームを見ると、まさに「こんなところに住んでみたい」と思わせる部屋でした。そこでO氏はどうしたでしょうか。

なんと即座に1億5000万円もする部屋を申し込んだのです。ただし倍率は10倍以上。買えるかどうかはわかりません。しかし、抽選の結果、当選。もちろん、O氏に払うお金はないのですが、知り合いの経営者に頼み込んで頭金を作り、なんとか億ションを購入しました。

とはいえ、その後も毎月巨額のローンを支払っていかなければなりません。そこで、O氏はそれまでの経験を活かしたコンサルティングを始めたところ、それが大成功。月々のローンを支払うことができたといいます。

それにしても、無一文同然で、なぜ億ションを購入したのでしょうか？**「あえて自分を追い込んだんです。安全にやろうとすると、余計なことばかりにエネルギーを取られて、やるべきことに全力投球できない。だから成功しないんですよ。それよりも死ぬ気でやれる環境を作ったほうが、成功の可能性はずっと高くなる、そう思ったんです」**

なるほど、誰しも苦労は背負い込みたくないし、死ぬような目にあいた

くないと考えます。でも、それでは平穏は得られても、ビッグなチャンスは得られません。ときには、尻に火がつく状況に自分を追い込む。そんな「決断」ができる人のところに、成功もお金もやってくるのでしょう。

お金持ちと普通の人の「追い込み方」の違い

高級マンションに
住むためには、
お金が必要……

少しずつ貯金したら
10年後には……

ここに住もう！

副業でもしないと
いけないか……
でも、うまくいくか……

心に火をつける成功者の金言

あなたは、残りの人生も砂糖水を売ることに費やしたいのか、
それとも世界を変えるようなチャンスが欲しいのか？

アップル創業者　スティーブ・ジョブズ

ありえない選択？　ゼロベースで考えてみましょう［037］へ

003 大事にしたい"迷いをただす人"と "決断を支える言葉"

「成功に導いた行動の原動力は何ですか？」と聞くと、**「伴侶の支え」**を挙げる成功者が少なくありません。

コンサルティング会社から独立して、自ら経営コンサルタント事務所を開設したS氏も、妻がいたからこそ大きな決断ができたといいます。

独身なら「ここで勝負」と腹をくくって会社を辞めることもできるでしょうが、妻子がいると安定した暮らしを捨てるのに躊躇してしまいます。そんなとき、妻が**「一度きりの人生なんだから、好きなことをやって」**といってくれたそうです。この言葉がきっかけで、彼は心を決め、会社を辞めて独立しました。

S氏は、伴侶から勇気をもらって大きな決断をしたわけですが、その後のビジネスでも妻の存在は大きかったようです。もちろん最初からうまくいったわけではなく、蓄えていた貯金がどんどん減っていっても妻は文句ひとついわず、S氏を励まし続けてくれました。

うまくいかなくて他人への恨み言をつぶやいたときも、**「腐っちゃダメ、焦っちゃダメ。今は信用を得ることが一番」**とアドバイスしてくれたというのですから、できた奥さんです。そのおかげで苦労が報われ、現在はビジネスが順調に回り始め、以前の数倍の年収を得られるようになりました。

読者のなかには、伴侶に励ましてもらえない、支えてもらえないとこぼしている人もいるかもしれません。そんな人には、夫を成功に導いた妻の言葉をお贈りしましょう。

「なぜ信じて支えることができたか、ですか？　日々の言動を見て、必ず成功するって彼が思わせてくれたからです」

成功は妻の支えによるところが大きくても、そのきっかけは自分で作るということのようですね。

心に火をつける成功者の金言

かけがえのない人間になるためには、常に他人と違っていなければならない

シャネル創業者　ココ・シャネル

背中を押す人は妻だけではありません　▶人間関係で大事なこと ［057］ へ

もうひとつ背中を押してくれる言葉です

心に火をつける成功者の金言

志を立てた以上、迷わず一本の太い仕事をすればいい

トヨタグループ創業者　豊田佐吉

『10億ドルを自力で稼いだ人は何を考え、どう行動し、誰と仕事をしているのか』

ジョン・スヴィオクラ　ミッチ・コーエン（ダイヤモンド社）

資産10億ドルのビリオネアは、世界にたった600人しかいない。その600人のビリオネアを世界的コンサルティングファームのPwCが徹底調査した報告書。本書を読むと、超大金持ちの現実は、世間のイメージとは違っているようです。たとえば、若くして成功した者は少なく、多くのビリオネアは長年にわたる試行錯誤の結果、成功をつかんでいました。また、成功者と普通の人の違いは外的要因ではなく、内面「ビリオネア・マインド」

にあるといいます。アイデア、行動、時間、リスク、仕事相手に対する考え方が、一般の人と違うのです。どのように違うかは、本書を読んでご確認ください。古典的な成功本に飽き足らず、現代の成功物語に興味のある人は、この本をお勧めします。

004 「理想の人をもつ」それだけで、 自分を動かす活力に

　多くのお金の専門家が、お金持ちになるための重要なポイントのひとつ として「あこがれの人や尊敬するモデルを持つ」ことを挙げています。そ れによって「行動の活力を与えてくれる」というのです。

　たとえば、成功本のバイブル『金持ち父さん　貧乏父さん』（筑摩書房） の著者ロバート・キヨサキ氏は、成功者のやり方をマネするのが成功への 近道といっています。

　キヨサキ氏のあこがれの人は、著名投資家のウォーレン・バフェット氏。 彼がどこに投資しているか注意を払っているとともに、株式市場に対する 彼の意見を常に目を通すようにしていると述べています。

　「ヒーローを持つことで、私たちは彼らの底知れない才能の一部を手にす ることができる」とキヨサキ氏。さらに、**「モデルやヒーローを持ってい る人と持っていない人では、行動力がまったく違う」**といいます。

　たしかに、何か行動を起こそうとするとき、すでに同じような行動を取 って成功を収めているモデルケースを見れば、自分も行動を起こしやすく、 大きなミスにならない、むしろ成功に近い行動になることでしょう。

　尊敬し、あこがれる人がいれば、大事な場面——たとえば、交渉や契約、 起業——に臨むとき、大胆さをマネて行動したり、何か選択を迫られたと きでも、理想の人ならこちらを選ぶに違いないと考える"よりどころ"を 得ることができるでしょう。お金持ちへの第一歩が何かわからないと悩ん でいるなら、あなた自身の理想の人を見つけてみるといいかもしれません。

心に火をつける成功者の金言

リーダーのスピードが、部下のスピードになる

メアリー・ケイ創業者　メアリー・ケイ・アッシュ

成功者を理想に持つことで、自分を動かす活力に

あの人なら、
この場面どうするか……

やらなかった後悔より、やった後悔。動こう!

↓

よし、やろう!

理想の人は、本のこのジャンルから探してみましょう [108] へ

お金持ちの課題図書

『金持ち父さん　貧乏父さん』
ロバート・キヨサキ　シャロン・レクター（筑摩書房）

本書に出てくる登場人物は、「高学歴だが収入が不安定な自分の父親」「13歳で学校を中退したが億万長者になった親友の父親」。キヨサキ氏が二人の父と呼ぶ両者を対比させ、お金について考えていきます。結論からいえば、宝石や家など資産が増えないものにお金を使うのではなく、株や不動産など資産価値が増えるものにお金を使いなさいとアドバイスしています。物語調の展開なので、お話を楽しみながら、お金持ちのお金の使い方、投資とは何かについて知ることができます。

005 「ダメな自分」をイメージする人ほど、不安に駆られて動けない

　念願の独立を果たしたデザイナーのC君。ですが、まだ順調に仕事が入ってきているとはいいがたいようです。ときには、オフィスの家賃の支払いにも窮するほど。このままひとりでやっていけるかどうか不安になって、起業セミナーを主宰するN氏に相談してみました。

「成功すると思って独立したんでしょ。まだダメだと結論を出すのは早いんじゃないかな」

「でも、家賃の心配もあるし。なんで仕事が来ないかなあ」

「その後ろ向きの発想がいけない。大事なのはセルフイメージを高めること。自分は成功するに足る人間だと思い込むことだ」

　そういってN氏は、セルフイメージの高め方を話してくれました。必要なのは、<u>自分がなぜ成功するに足る人間かを考えること</u>。

　たとえば、学生時代に実行委員長として文化祭を成功させた経験があるなら、イベントで人を喜ばせる能力があるのだと理由付けできます。また、大学で環境問題を研究していたなら、自分が学んだことが仕事を通じて世の中の役に立つと考えることもできるでしょう。

「僕にそんな根拠が見つかるかな」とまだ弱気なC君。

「デザインやセンスには自信を持っているから独立したんでしょ。私がこうして君の話を聞いてアドバイスするのも、成功の根拠になるんだよ。だって、成功しそうもない人にアドバイスなんかしないから」とN氏。

　探せば成功の根拠はいろいろあるものです。

　何か新しいことを始めるときには、誰しも不安に駆られることでしょう。うまくいくだろうか？　食べていけるだろうか？　たくさん稼げるだろうか？　いろんなことを考え込んでしまいます。

　でも、自分の成功を信じられないような自己肯定感の低い人間が、降っ

てわいたような成功を手にすることができるでしょうか。「自分はできる」というポジティブなセルフイメージが、幸運を呼び寄せるのです。不安探しはそこそこに。むしろ、できる理由を探していきましょう。

セルフイメージ偏っていませんか？

いつも成績が
悪かった

なんの才能も
ない

ダイエットが
続かない

自分は何もできない。
何も持ってない。
↓
挑戦してもどうせ
失敗するだろう……

めげずに挑戦して
好成績を出したことある

努力ができる

これまでやった
ことない運動を
先月は10回やった！

自分はいろいろ
やってきた！
↓
挑戦してみよう！

心に火をつける成功者の金言

最初にあったのは夢と、そして根拠のない自信だけ。
そこからすべてが始まった

ソフトバンク創業者　孫正義

人より劣っている？　コンプレックスを味方にした人の話は [073] へ

006 「あれが欲しい」も、成功に導く 立派なモチベーション①

「あこがれ」をステップアップへのモチベーションにしてきた人は少なくありません。さるお金持ちのT氏もそんな人間のひとりです。

彼は、稼ぎがなかった時代に高級外国車BMWにあこがれていました。おそるおそるBMWのディーラーに足を運んでみたとき、彼はそこで忘れられない体験をすることになります。

「今は手が出ないが、いつかは高級外車に乗ってみたい」と彼はディーラーの営業マンに正直に話しました。すると営業マンは「一度、国産車との違いを体験してみましょう」と、試乗させてくれたといいます。

乗り心地、加速感、内装の質感、エンジンの音……、あまりの素晴らしさに感動して、彼は**「絶対に高級外車に乗れるような身分になろう」**と固く心に誓いました。それが大きなモチベーションとなり、彼は自分でビジネスを興し、いくつも困難を乗り越えて、資産家の地位へと上っていったのです。

「あのときBMWに試乗させてもらえてなかったら、私はここまでがんばれたかどうかわかりません」と彼はいいます。

ここで**大切なのは、あこがれを「思い」から「体感」に変えていくということです**。BMWに試乗することによって、「いいなあ」と頭のなかだけで考えていたあこがれは、T氏のなかで具体的な形をともなった目標へと変わっていきました。それが行動の原動力となりました。

あこがれるものがあったら、物怖じせずに高級店に足を運んで、実物を見て、触ってみましょう。あこがれが目標に変わることによって、成功へのエンジンは格段にパワーアップするに違いありません。

思い切って開けてみた高級ショップのドアは、新たな世界へ通じる扉かもしれませんよ。

心に火をつける成功者の金言

人間、欲のない人間になったらおしまいです。

欲の出しすぎはよろしくないが、

欲のなさすぎも困りものです。

欲がないのは、大変きれいに聞こえますが、

その実、骨を折ることが嫌い、精を出すのが嫌いで、

つまり、人間が怠け者の証拠です

実業家　藤原銀次郎

「欲」に支配されたくない？　　欲を味方にしましょう［次の項目］へ

高級品で人生が変わる？　　高級ワインの場合も同じです［100］へ

お金持ちになるヒント

2153人の富は、46億人分より上回る

スイスのダボスで開かれる「世界経済フォーラム（通称ダボス会議）」
には、政治、経済分野を中心に世界中から社会的リーダーが集まります。
2020年のダボス会議で国際貧困支援NGO「オックスファム」の報告が
全世界に衝撃を与えました。それによると「世界の億万長者上位2153
人が世界の総人口の6割にあたる46億人の資産を上回る」というので
す。世界の億万長者上位5人の資産を見てみましょう。（フォーブス世
界長者番付2021年）

1位	1770億ドル	アマゾン創業者　ジェフ・ベゾス
2位	1510億ドル	テスラ創業者　イーロン・マスク
3位	1500億ドル	LVMH会長兼CEO　ベルナール・アルノー
4位	1240億ドル	マイクロソフト創業者　ビル・ゲイツ
5位	970億ドル	フェイスブック創業者　マーク・ザッカーバーグ

007 「あれが欲しい」も、成功に導く 立派なモチベーション②

「あこがれ」を成功の原動力にしたエピソードをもうひとつ。

「笑われるかもしれへんけど、オレにとって成功の原点は、ロータス・ヨーロッパとランボルギーニ・カウンタックや」。関西を中心に隠れ家バーや高級旅館など、年商15億円のビジネスを展開するW氏は、笑いながらそういいます。ロータスもランボルギーニも、スーパーカーと呼ばれる往年の名車。なぜ、これらのクルマが成功のきっかけかというと……。

W氏が子供の頃に、ロータス・ヨーロッパに乗る主人公が活躍するマンガが流行っていました。それと対決するクルマのひとつがランボルギーニ。W氏も夢中になり、いつかスーパーカーに乗りたいと少年時代に強く思ったといいます。ですが、そう簡単に手に入るわけではありません。

高校卒業後に飲食店などで働いてお金を貯め、当時ブームだったITビジネスの会社に入りました。そこで認められ、会社が上場するときに未公開株を分けてもらいました。会社が上場すると、株価は急上昇し、Wさんが持つ株は3億円という大金に化けたのです。

W氏はそのお金であこがれのロータス・ヨーロッパを購入しました。めでたしめでたしですが、これで話は終わりません。あこがれのスーパーカーを手に入れたことが、W氏に思わぬ転機をもたらしたのです。

貧しかったW氏は、友達と呼べるような存在がいませんでした。信じられるのはお金だけ。しょせん人なんてアテにならない……、そう思っていましたが、ロータスを買った途端に、彼の周りに人が集まり始めました。

「スーパーカー好きの連中が集まってきて、そのツテで潰れた飲食店を買うて今のビジネスを始めることができた」

さらにランボルギーニまで手に入れると、ますます人が集まり出し、商売に役立つ情報をたくさん得ることができたといいます。

さて、W氏のように子供の頃のあこがれを覚えていますか？　もし、それが今でも強く胸にあるなら、「大切にしよう」と決意してください。その思いは、あなたの行動の原動力になってくれるはずです。

心に火をつける成功者の金言

私はアップルの経営をうまくやるために 仕事をしているわけではない。 最高のコンピュータを作るために仕事をしているのだ

アップル創業者　スティーブ・ジョブズ

子供の頃の夢が成功のきっかけに？　｜　その理由は［080］へ

お金持ちになるヒント

「日本のお金持ち」は、世界ランクでどれくらい？

日本のお金持ちは世界ランクでどれくらいの位置にあるのでしょうか。

『フォーブス』誌が世界のビリオネアをランキングする「世界長者番付」（フォーブス世界長者番付2021年）の上位5人を見てみると——。

29位	450億ドル	ソフトバンク創業者　孫正義
31位	450億ドル	ファーストリテイリング会長兼社長　柳井正
62位	250億ドル	キーエンス創業者　滝崎武光
274位	87億ドル	日本電産創業者　永守重信
311位	79億ドル	ユニ・チャーム代表取締役　高原豪久

ほかの国のお金持ちが稼ぎ過ぎているのか、それとも日本のお金持ちの稼ぎが目減りしているのか、日本の富豪の地位は世界的に見ると相対的に低下しているようですね。

008 成功者は、
モチベーションを育て続ける

　成功者には効率的に時間を使おうとする意識を持つ人が多いようです。時間が有限であることを理解し、限られた時間のなかでいかに有意義に行動するか。そのために、さまざまな工夫をこらしているのです。時間を有効活用するためにはちょっとした空き時間を見逃せません。

　高級外車のディーラーで常にトップセールスを記録し、現在はセールスプロフェッショナルの養成所を運営しているK氏は、移動時間に必ず成功者の音声を聞いているといいます。

「成功した人というのは、しゃべりも面白いんですよ。いろいろなことを体験しているから体験談も面白いですし、わかりやすい。移動時間を利用して聞くのにぴったりです」

　楽しみながら知識やノウハウを吸収することができるのに、使わないのはもったいないというK氏は、ほかにも意味があるといいます。

　それは、ポジティブなモチベーションの伝染。成功者は、たいてい自分を信じ、積極性に満ちあふれています。彼らの言葉を聞いているだけで、こちらまで勇気づけられ、何でもできそうな気になってくるというのです。

　たしかに、ビジネスを一から育て上げた創業社長などは、底抜けにポジティブな人が多いようです。エネルギッシュで、いつも明るい未来を描いています。そうした人たちの肉声を聞くと、「自分もやるぞ！」という意識が高まってくるのもうなずけます。

「先人たちのポジティブな言葉ばかり聞いていると、無理じゃなかろうか、失敗したらどうしよう、この先どうなるんだろうなどというマイナスイメージが消えてしまうんですよ」

　成功する人は、常にモチベーションを育てているのです。

成功者の音声を聞くメリット

聞くだけで、
ポジティブな
モチベーション
が高まる

一流の知識や
ノウハウを
吸収できる

聞きながら
作業ができる

話す内容が
おもしろく、
わかりやすい

音声なので、
成功者が
身近に感じる

繰り返し
聞くことで
深く理解できる

心に火をつける成功者の金言

月に行こうという目標があったから、アポロは月に行けた。
飛行機を改良した結果、月に行けたわけではない

楽天創業者　三木谷浩史

どんな人の音声を聞けばいい？　　自分だけのメンターの見つけ方 [062] へ

「できない理由」ばかり探しては、
いつまで経っても進まない

「金持ち養成講座」主宰　N氏

　自ら起業した事業を成功させ、投資でも大儲け。その体験をもとに「金持ち養成講座」を主宰してお金持ちになるノウハウを伝授しているN氏。少々高飛車なのが玉にキズだが、その着眼点は鋭いと評判です。お金持ちになれる人間となれない人間の違いについて聞いてみました。

　──お金持ちになれる人となれない人の違いについて教えてください。

　金に対する嗅覚が違うのはもちろんだが、その前提となるものの考え方が根本的に違う。たとえば、ド田舎の土地が格安で売りに出ていたらどうする?

　──難しいですね。むやみに手を出すと原野商法で騙されそうですし、飛びつくのは無謀なんじゃないですか?

　そんなことをいっていると、一生お金とは縁がないぞ。

　──だって、ド田舎でしょう?　慎重にならざるをえないじゃないですか。

　その考えが、間違いなんだ。金持ちになる人間は『できる理由』を探す。金持ちになれない人間は『できない理由』を探す。金持ちになる人間は、格安の物件を見たらド田舎だろうが欲を出す。将来、新幹線が通る可能性はないのか、大型ショッピングセンターが近くにできないか、地元の政治

家が工場や企業の誘致に動いていないかと値上がりしそうな理由を探すものだ。逆に金に縁がない人間は、「危ない」とか、「利用価値がない」とか、買えない理由が先に立つ。要するにリスクを取る覚悟ができていないわけだ。リスクを取れない者が金持ちになることはない。

──そこまでいわれると、ちょっとショックですね。

ビジネスでも投資でも、あらゆることに考え方の違いが表れる。成功するヤツは行動を後押ししてくれる要素を探すが、成功できないヤツは行動にブレーキをかける要因を探す。アクセルを踏まなければ、クルマは前に進まないんだ。

──たしかに、そうですね。

「幸運は、勇気と努力の報酬である」という言葉を知っているか？　オレの人生が上昇し出したのは、この言葉を聞いてからだ。結局、幸運を手に入れられるかどうか、つまり成功するかどうかは、努力に加え、進む勇気を持つことが大事なんだ。逆にいえば、進む勇気がない人間は、成功という報酬を手にすることはできない。なるほどと思ったオレは、進む勇気を持つことにした。そして成功するためにがむしゃらに努力した。その結果、幸運の女神がほほえんでくれたんだ。

　成功するために必要なのは、一歩目を踏み出す勇気。「できない理由」を数え上げているようでは、いつまで経っても、成功に近づくことはできないということですね。

CHAPTER 2

どんな時間の使い方をすればいいか
―お金持ちの「時間」の哲学―

009　行動しなければ、失敗はなくとも、成功もない

　成功した当人より、その周りにいる人のほうが「その人が成功した理由がわかる」というのはよくあること。一代で財を成した、ある創業社長のもとで長らく秘書を務めていたＣさんもそのひとりです。成功者になる秘訣をうかがってみました。

「社長は若い頃から、決断も早ければ、決断を実行に移すのも早かった。若い頃の私は、それをたんなるせっかちと思い、こんな人は社長以外にそうはいないだろうと思っていました。けれども、それは違っていました」

　会社が大きくなり、他に財を成した人たちや政治家との付き合いができ始めると、社長と同じタイプの人が多いことに気づいたといいます。彼らは、とにかく、やることが早い。そして、彼らの秘書もやることが早いのに驚いたのです。

「そんな彼らにせかされて、ずいぶん鍛えられました」 とＣさん。

　Ｃさんがいうように、成功の秘訣として「すぐに行動すること」を挙げる成功者は数多くいます。鉄は熱いうちに打たないと鍛えられません。そのことを知っている成功者は、思い立ったら即、行動を起こします。

　考えてみれば、当たり前かもしれません。**行動を起こさなければ、何も変わらない。つまり、成功もない。** それを当たり前に実行している人が、成功への階段を上る、そう教えてくれました。

即断、即決、即行。
失敗してダメだったら、戻ればいいし、止めりゃいい

ニトリ創業者　似鳥昭雄

即行動して、メリットある？　▶チャンスを見つけて成功した話［035］へ

行動ばかりで疲れてしまう　▶成功者はこんな習慣もしていました［093］へ

お金持ちの課題図書

『大富豪の仕事術』
マイケル・マスターソン（ダイレクト出版）

本書には、元アメリカ大統領であり、実業家のドナルド・トランプの時間の使い方が述べられています。

睡眠6.5時間（5:30起床）
計画・準備・読書5.5時間
行動（仕事）9.5時間
休養・レクリエーション2.5時間

これを見てわかるように、できる人間は計画や準備にたっぷりと時間をかけています。本書は成功を収めたビジネスパーソンや大きな仕事を成し遂げた偉人たちの時間の使い方を調べ、時間をかけて計画と準備をしていることを明らかにしています。人生で成功できない理由のひとつは、効果的な行動を起こせないこと。計画と準備こそ、効果的な行動に必要不可欠なものであり、それが大富豪の仕事術の秘密でもあります。

010
逃がしてはいけない、モチベーションがもっとも高い"瞬間"

レンタルビデオ店の店員から世界的な映画監督になったクエンティン・タランティーノは、あるインタビューで成功の秘訣を尋ねられて、**「思い立ったら、今すぐやれ。さあ、椅子から立ち上がって行動しろ。明日じゃダメだ。今すぐだ」**と叫びました。この行動力こそ、成功者に共通する特徴です。

裏を返せば、成功できない人、お金持ちになれない人は、行動を起こすのが遅い、または行動を起こさないということでもあります。

何かやろうと思っても「もう少しいいアイデアが出そうだから」と、すぐに実行しない。あるいは「今は忙しいから」を理由に、先送りにする。先送りするほどに、しない理由がだんだんと多くなり、しまいには何もしなくなってしまいます。

物事を実行に移すとき、もっともモチベーションが高いのは「やろう」と決めた瞬間です。だから、成功する確率も高くなります。時間が経つにつれて意欲は失せていきますから、早く実行した者勝ちなのです。

心に火をつける成功者の金言

「いつの日か」は永遠に訪れない

イギリスの出版経営者　ヘンリー・ジョージ・ボーン

▶行動に移しにくい理由は、完璧主義だからかもしれません [014] へ

即行動というけれど成功者はスケジュール帳を作らないのか　▶[CHAPTER16] へ

011　人生は選択の連続、「迷う時間」の価値

"即断即決の効用"は日々の態度にあらわれます。長らく投資顧問業を営んでいるＮ氏は、「**少し話をすれば、お金持ちかどうかはすぐにわかる。お金持ちは、何をするにも"即断即決"だ**」と断言します。

「**お金を引き寄せる人というのは、『ちょっと待ってくれ』とさえいわない。日本人だけかと思ったら、海外の人のほうが、もっとせっかちです。彼らは時間を惜しみ、また狙った獲物は逃がしません**」

なぜ、お金持ちはそんなに決断が早いのでしょうか。

お金持ちが即断即決をするのは、「時は金なり」をよく知っているからです。どうしようかと、あれこれ選択に迷うのは、時間のムダ。その迷いには、何の生産性もありません。

生きていくということは選択の連続です。朝は何時に起きるかの選択に始まり、朝の飲み物はコーヒーにするか番茶にするか。会社に行っても、仕事ではこまごまとした選択が待っています。お金持ちは、その選択が早い。食事ひとつとっても、メニューを本当に見ているのかと思うほど、さっさと注文を決めてしまいます。

普通の人が昼食メニューを決めるのに、３分かかるとしましょう。「たかが３分？」と思うかもしれませんが、１カ月単位で見れば、１時間以上のロスになります。お金持ちはそのロスをムダだと考えます。

とくに仕事での優柔不断を嫌います。「選択に迷っている時間」を合計していくと、１カ月に数十時間をムダにしているかもしれません。その時間を、もっと別のやりたいこと、生産的なことにあてるなら、お金がもっと回ってくる。お金持ちは、そう考える傾向が強いといえます。

あれこれ迷うより、パッと決断して行動に移す。お金持ちに近づきたいなら、即断即決を心がけてみては？

CHAPTER 2　どんな時間の使い方をすればいいか

012 熟慮に熟慮を重ねている間に
損なわれているモノ

「迷うというのは、熟慮しているということだ。時間をかけて考えたほうが、いい選択ができる」と考える人がいるかもしれません。けれども、熟慮に熟慮を重ねた末の決断が、月並みな選択にしかならないというケースのほうが圧倒的に多いのではないでしょうか。

うまくいっていない会社は、このパターンに陥っているケースが多いようです。ひとつのプロジェクトに何日も役員が討議する。最初の案以外に、第2案、第3案と次々と案が出るが、決まらない。結局、堂々巡りの末、最初の案に落ち着く。ただ、こうして日数をかけてしまったため、決定した最初の案も陳腐化し始めていて、実現したときには時代遅れになっているということも。

人の場合も同じことです。即断即決する人とそうでない人との間にいかに差がつくかについて、中国相手に貿易を営んでいる、ある人はこんなことをいっています。

「1980年代初頭、中国が改革開放経済に向かい始めた。あの当時、中国に富豪なんていなかった。中国にやって来た日本のビジネスパーソンたちのほうがお金持ちで、いい身なりをしていたものだ。ところが、ものの20年で、中国には大富豪と呼ぶにふさわしい人たちが現れ、日本のビジネスは彼らに振り回されてしまうようになってしまった」

「なぜ彼らが急速にお金持ちになれたのか」と尋ねると、**「決断が早いからですよ」**と言います。中国人は、その場でパッと物事を決めます。日本のビジネスパーソンの場合、まずは本社に連絡し、それが何日かかかってトップに伝わり、そこからようやく議論が始まります。その間に、中国のお金持ちは、もっといいパートナーを見つけて進んでいる。一方、日本は相手に先を越されて商談はご破算。商機を逃がすケースがよくあるといい

ます。

　かつて世界を席巻していた日本の大企業がいま苦戦しているのは、日本の特有の決断の遅さも原因のひとつに挙げられています。逆に、今豊かになりつつある人たちは、決断の早さを武器にのし上がっている。チャンスをつかめない人は、決断の時間が長過ぎてタイミングを逃がしているのかもしれません。

心に火をつける成功者の金言

事実がわかっていなくても前進することだ。
やっている間に事実もわかってこよう

フォード・モーター創業者　ヘンリー・フォード

決断が早い人とは？　▶口ぐせに現れます［026］へ

熟慮しすぎるとどうなる？　▶こんなヒットはなかったかも［032］へ

『「心のブレーキ」の外し方』
石井裕之（フォレスト出版）

なぜ、新しい行動に踏み出すことができないのか。それは、心のブレーキが働いているから。心のブレーキとは現状維持しようとする潜在意識のプログラム。この潜在意識のプログラムを解除しない限り、人生は変わっていかない。あなたを縛る心のブレーキをいかに外していくか。それが本書のテーマです。何をやっても飽きっぽい、ことごとくうまくいかない、三日坊主、マイナス思考にとらわれている人は、潜在意識がブレーキをかけているのかも。一刻も早く解除してあげましょう。

CHAPTER 3

なぜ、私は成功しないのか
―結果に結びつく「努力」の仕方―

013 やればやるほど成功から遠ざかる「報われない努力」

　私たちは、子供の頃から耳にタコができるくらい「努力は必ず報われる」「努力は裏切らない」と教えられてきました。努力＝成功への道、望む結果が得られないのは努力が足りないから。そう信じられてきました。

　ところが、成功者のなかには、努力を買っていない人が少なくありません。**「努力すると、かえって成功から遠ざかる」**と言い切る者さえいます。

　もちろん、成功してお金持ちになった人は、まったく努力をせず、好き勝手にやっていたら運だけで成功したというわけではありません。みなさん、きちんと努力している。むしろ、とうていマネできないくらい努力をしているように見えます。それでもあえて「努力はムダ」と言い切るのは、一般の努力はもはや意味をなさないということです。

　たとえば毎朝、「人より早く出社し、毎晩残業をこなす人」と、「定時に出社し、残業しないでさっさと帰ってしまう人」では、どちらが努力していると思うでしょうか？　一般的な感覚では、前者のほうが努力していると思われることでしょう。会社内でも、残業をいとわない人間のほうがよく仕事をしていると評価されることが多いものです。

　しかし、成功者はそういう見方をしません。

「高度経済成長時代ならともかく、今や残業をするなどの労働時間の長さで仕事を評価するのはナンセンスです。時間の長さを努力の尺度とするこ

となんて間違っています」とは、ある成功者の弁。

　多くの成功者は、結果から物事を考えます。成果が上がってはじめて、その行動は正解であったと評価を下すのです。つまり、成果が上がらなければ、毎晩遅くまで残業したとしても、ムダな行動ということになります。

　ムダな行動をすぐに改善するのも成功者の特徴です。残業しても成果が上がらないなら、時間の使い方を見直し、結果を出す行動に素早く変化させる。この変化のスピードを重視しているのです。

　成功した人にとっての努力とは、「成果を上げるための行動とは何か」を考え抜き、試行錯誤すること。さらに、より短時間で成果を上げられるように工夫を怠らないことなのです。

「報われない努力」と「報われる努力」

トニカクガンバロー

あの仕事、どうやったら楽に、
簡単に、時短で成果が出るかな

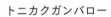

心に火をつける成功者の金言

僕は毎日のようにこう自分に問いかけている。
"今、僕は自分にできる一番大切なことをやっているだろうか"

フェイスブック創業者　マーク・ザッカーバーグ

報われない努力をする人の特徴は？　▶夜に仕事をします［090］へ

014 「完璧主義」と 「６割主義」の決定的な差

　成功するためには、努力が必要なのは当たり前。でも、努力にも結果が出やすい努力と、出にくい努力があるようです。お金持ちはどんな努力をしているのかみてみましょう。

　H氏は、30代半ばにして億単位の資産を築きました。そんな彼も20代の頃は、借金にまみれ、もがいていたといいます。そこから投資を勉強し、独自のノウハウを作り上げて成功への道を切り開きました。

　そんなH氏は、成功できない人の特徴のひとつとして「完璧主義」を挙げています。**完璧主義の人間は、とにかく自分の計画通りに事を進めようとしてなかなか初めの一歩を踏み出すことができません。**不完全な状態で走り出すのがイヤなのでしょう。

　しかし、何事もすべて想定通りに進むことなど滅多にないのが現実です。常に想定外のことに出くわして、軌道修正しながら進んでいくものです。**「重要なのは、まずひとつのことを始めること。不完全でも動き出すことです」**とH氏はいいます。

　何か物事を始めると、それがきっかけになって事態が動き、思ってもいないことが起きるものです。そういう不測の事態に対応する適応力こそが、成功には必要なのかもしれません。きちんと計画してから始めようとする努力はわかりますが、完璧主義なのは成功の足かせになりかねません。

心に火をつける成功者の金言

60点主義で即決せよ。決断はタイムリーになせ

経団連元会長　土光敏夫

完璧主義は悪いこと？ ▶ こういうことは完璧にしたい [041] へ

完璧主義がコスパ悪い理由

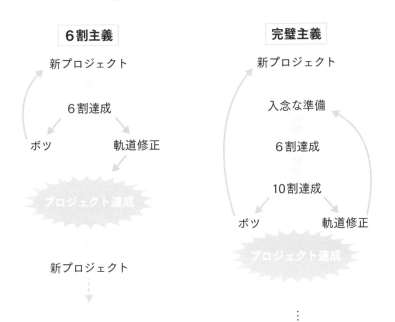

6割主義

新プロジェクト

6割達成

ボツ　　　　軌道修正

プロジェクト達成

新プロジェクト

完璧主義

新プロジェクト

入念な準備

6割達成

10割達成

ボツ　　　　軌道修正

プロジェクト達成

:

お金持ちの課題図書

『**エッセンシャル思考**』
グレッグ・マキューン（かんき出版）

「エッセンシャル思考」とは、重要な仕事を見極め、それ以外の仕事は計画的にそぎ落とし、最小の時間で成果を最大にする考え方です。身を粉にして働いているのに、なかなか成果が上がらないのはなぜか？　それは何でもかんでもやろうとして、結果的に中途半端に終わっていることに原因があるからかもしれません。そうならないために、重要なタームに集中することが必要なのですが、どの仕事を優先的に選ぶべきか、また仕事を

断るときにどのような対応をしたらいいのか、実際の事例をもとに、実践的な方法論を紹介しています。

015　理想への一番の近道は、「理想の人」をつくること

　個人投資家として数億円の資産を築いたD氏は、最大の成功要因は「理想の人」であると断言しています。

「子供の頃、私は野球をやっていまして、プロ野球選手はヒーローでした。とくに、巨人軍を率いる原辰徳さんの大ファンでした。だから、ポジションはもちろんサード。バッティングフォームも原選手のマネをしたものです。何かを学ぶときには、モデルがいると本当にやりやすいんです」

　D氏は、投資も基本的に同じだといいます。株取引を始めた頃、デイトレーダーのカリスマの著作を読んで、ほれ込んでしまったD氏。それから、記事やインタビューなど、あらゆるものに目を通し、彼の投資手法を研究しました。熱心に研究したおかげで、デイトレードのノウハウについて効果的に学ぶことができたといいます。

「僕みたいな者が億を超える資産を持てて、現在もデイトレードの世界で生き残っていられるのも、すべてカリスマがいたからだと思いますね」

　自分の「理想の人」を持ち、追いかけることは、成功の階段を駆け上がる第一歩になるのでしょう。

心に火をつける成功者の金言

**何よりも重要な要素は心構えである。
それが成功と失敗の分かれ目になるのだ。
「これはできる」という心構えでいれば、
どのような分野であろうとも何よりの原動力となるのである**

アメリカの実業家　アール・ナイチンゲール

投資家ならあこがれる投資の神様 [048] へ

普通の人とは一味違う、お金持ちの奇妙な習慣

　成功した人たちに共通した習慣はよく語られますが、なかには奇妙な習慣を持つ人がいます。5つご紹介します。

相手を恋愛対象だと思って話す

ソニー創業者　盛田昭夫

ソニーを世界的企業に育て上げた盛田氏は、コミュニケーションの重要性を意識していました。だから、相手を恋人のように思って話したそう。そのせいか、盛田氏に会った人の多くは、「また会いたい」と思ったといいます。

耳の裏をたんねんに洗う

日本マクドナルド創業者　藤田田

藤田氏は、耳の裏にはビジネスのツボがあると述べていたといいます。実はこれ、ユダヤの格言ともいわれ、耳の裏を洗えば、金儲けのセンスが磨かれるそうです。

爪を磨く

映画監督　黒澤明

世界のクロサワは、爪の手入れを欠かさなかったと奥さんが述べています。その繊細な神経が徹底的なこだわりにも通じているということでしょう。

乗馬を愛し、馬の置物を集める

マイクロソフト創業者　ビル・ゲイツ

馬は金運をアップするといわれているそう。ビル・ゲイツの乗馬好き、馬の置物好きもその幸運にあやかろうとしていたのかもしれません。

水の底に潜る

発明家　ドクター中松

中松氏は発明を行うとき、水に潜ってアイデアを練るそう。死ぬ一歩手前まで酸素を遮断することで、脳が最大限活性化するのだといいます。が、マネするのはお勧めできません。

016 「一人で成果を出す」から「人に任せて成果を出す」へのステップアップ

　Ｊ氏は高校卒業後、がむしゃらに働き、３年間で500万円を貯めました。それを元手に小さな立ち飲み屋を始めたのが、彼のビジネスの原点です。お昼はちょっとしたランチを出して、２時に閉めて仕込みと準備。６時に再オープンして、午前３時頃まで営業。人を雇う余裕なんてなかったから、全部ひとりでやりました。人件費がかからない分、店は儲かったといいます。それを元手に店をもう一軒出しました。儲かった利益を投資して、もう一軒、さらにもう一軒と店舗を増やしていきました。順調な成長です。しかし、問題はそこからでした。

　「店を増やしたから、人を雇うようになったんだけど、それが思い通りに働いてくれないんだ。だから、仕入れから管理、メンテまで全部ひとりでやらなくてはならない。睡眠時間は１日２、３時間。疲れとストレスでいつもイライラしていた。借金もあるし、売り上げは上がらないし……」

　思い余ったＪ氏は、若い事業家に相談を持ちかけました。Ｊ氏と同じように、何店舗もの飲食店を経営し、成功させてきたカリスマ青年実業家です。どうしたら人をうまく働かせることができるのか、複数の店舗をうまく管理するにはどうすればいいのか。Ｊ氏は実務的なアドバイスを期待しましたが、返ってきた答えは予想に反するものでした。

　「ちょっと休んだら？」

　Ｊ氏は驚きました。今、休んだら、店は回らなくなる、と。

　「何もかも自分でやりすぎだよ。君ががんばり過ぎると、周りの人間はがんばれなくなるんだよ。もっと大胆に人に任せてみなよ。細かいところは目をつぶってさ」カリスマ青年実業家はそういいました。

　Ｊ氏は半信半疑でしたが、とりあえず１週間休養を取るとスタッフに宣言。１週間後、現場に戻ってみると、不思議なことに売り上げはアップし

ていました。店の管理もきちんと行われていました。そこで、彼は徐々に自分の仕事の比重を減らしていき、自分は本店の管理に専念し、他の店は採用も含めてスタッフに任せるようになりました。Ｊ氏は人に仕事を任せてみてはじめて気がつきました。店舗はオレの店、従業員は使用人と捉えていたことを。でも、それでは人は動いてくれません。自分の店であると同時に、みんなの店でもあるのです。従業員がそういう思いになれば、自然に一生懸命働くようになる。カリスマはそのことをＪ氏に伝えたのでしょう。

心に火をつける成功者の金言

君が思い悩み、迷ったことは少しも気にすることはない。何かをつかんだはずだ

資生堂元社長　松本昇

▶ 孤独になったワンマン経営者の話［次ページ］へ

他人と働くうえで必要なマインドは？　▶［CHAPTER12］へ

お金持ちの課題図書

『人を動かす』
デール・カーネギー（創元社）

自己啓発書の古典中の古典といっていい本書は、1937年に初版が出版されて以来、今も全世界で名著として売れ続けています。現在の自己啓発書の多くは、ここに源流があるといっても過言ではないでしょう。著者のデール・カーネギーは、雑誌記者やセールスマンなど転職を繰り返しました。そのなかで人間を観察し続け、たどり着いたのは、人を動かす基本は「徹底的に相手の立場から考える」ということ。良好な人間関係を築くことこそ、ビジネスにも、また家族や友人関係においても成功を導くカギになるとカーネギーは述べています。その内容は、現代でも色褪せることなく、成功を求める人に、いつでも重要なヒントを与えてくれることでしょう。

✳ SPECIAL INTERVIEW ✳

人の心をつかんだ、
名経営者のゴツゴツした手

中堅機械工業社長　Ａ氏

創業した会社を一代で中堅機械工業にまで育て上げたＡ氏。資産は上場した会社の株式を含めて数十億にもなるといわれていますが、身なりはいたって普通でセレブなにおいは感じられません。どことなく品がいいという印象を受けるくらいです。この老経営者に成功のきっかけを尋ねてみると、彼は右手を差し出して「握手をしよう」といいました。握ったその手は力強く、岩のようにゴツゴツとしていました。

手のひらに大きなタコがあるだろう。私はゴルフをやらないから、ゴルフダコじゃない。何だと思う？　……実はね、ほうきダコだよ。

──ほうきダコ！？　タコができるほどほうきを使っているんですか？

そう。続けて何十年になるか。雨の日と出張などで会社にいない日以外は、毎朝、会社の周りをほうきで掃いているんだ。もう日課になっている。自分の会社の周りがきれいになるのは気持ちがいいからね。

──なぜ、掃除を始められたんですか？

30過ぎに独立して、自分の会社を作った。私を含めた従業員5人の町工場だ。始めはうまくいかなかったよ。私はワンマンで人の意見に耳を貸さなかったから、次第に従業員との関係が険悪になったし、近所の人たちともトラブルが起こるようになった。騒音やゴミが出るからね。

──自分の周りが敵だらけになってしまったんですね。

そう。これじゃあいけないと思ったけど、どうすることもできなかったよ。従業員にも住民にも、歩み寄ろうとしたけど、私に対する不信感がつのっていて信用されなかった。それで掃除を始めたんだ。

──しかし、なぜ、掃除なんでしょうか？

誠意を見せたいけど、何をやっていいのかわからなくってね。掃除ぐらいしか思いつかなかった、というのが本当のところ。始めは、何をやっているのかってあきれ顔で見られていたよ。まあ、いきなり掃除を始めたから、それも無理はないがね。

──いつ頃から変わってきたんですか？

半年たったくらいからだな。近所の人たちが「おはようございます」って挨拶してくれるようになった。従業員も、話を聞くようになっていった。

──掃除で、経営者の誠意を周りに示せたんですね。

そうかもしれない。それからは、驚くほど事業は順調に伸びていった。だから、私の転機は掃除を始めたことだな。掃除が成功をもたらしてくれたといっても大げさじゃないんだよ。掃除がなければ今の私も会社もないと思っている。

　地味な掃除を長年続けていくことで、少しずつ周りの人の心を動かしていきました。老経営者の言葉は、小さな努力の積み重ねの大切さを教えてくれます。

PART I
お金持ちの「行動」習慣のポイント

CHAPTER 1（p16〜）
なぜ、お金持ちになりたいのか
―自分を動かす「原動力」の秘密―

- 「このままではダメだ」と思ったそのとき、リスク覚悟で転機を作る勇気
- 意志に頼らず「やらなければならない」環境を自ら作って自分を追い込む
- 「何もやってこなかった自分」を考えるのは簡単。"挑戦する自分"を思い起こして、自分を奮い立たせよう
- 「あれが欲しい」と理想に向かって突き進めるのは、実はすごいこと
- モチベーションは勝手に湧き上がるものではなく、大事に育てるもの

CHAPTER 2（p34〜）
どんな時間の使い方をすればいいか
―お金持ちの「時間」の哲学―

- なかなか行動に移せない人の共通点は迷う時間をつくって、頭に浮かぶやらない理由に支配されてしまうこと。お金持ち、成功者は瞬時に動いて、うまくいく方法を探す
- 時間、モチベーション、チャンス……。迷う時間に払う損失を意識する

CHAPTER 3（p40〜）
なぜ、私は成功しないのか
―結果に結びつく「努力」の仕方―

- 努力をするから偉いのではなく、成果を出す努力をするから偉い
- 完璧主義で1つの成果を出すか、6割主義で次々に成果を積み上げるか
- 理想の人をまねる究極の方法は、あの人ならどうするかを思い描くこと

PART

お金持ちの
「運をつかむ」
習慣

成功と運は切っても切り離せません。「運も実力のうち」というように、ツキを味方に付けた人間が成功を引き寄せることができるのです。では、すべては天の配剤なのでしょうか？ いいえ、成功する人たちやお金持ちたちは、運を手に入れるために、チャンスを引き寄せるために、人知れず努力を続けています。彼らが運をつかむためにどんなことをしているのか。それを知れば、あなたにも幸運がおとずれるかもしれません。

CHAPTER 4

どうやって失敗から
やり直せられるか
―折れない「逆転」思考―

017　「もうダメだ……」
人間の真価はどん底で試される

「儲けのネタなんて、どこにあるんだろう」

「金持ち養成講座」を主宰するN氏は、そんな愚痴を聞き逃しません。

そこで、N氏が持ち出したのは、「そうじ力」の本がベストセラーになった舛田光洋氏の事例です。氏は、ミュージシャン志望で、北海道から夢を抱いて上京。しかし、その夢はもろくも崩れ、一攫千金を狙って代理店業を始めたものの、これもあえなく失敗。その結果、氏は28歳にして職を失うとともに、1400万円もの借金を背負ってしまいました。

「人間の真価が試されるのはこういうとき。もうダメだとすべてをあきらめて自暴自棄になるか。それともどん底まで落ちたから、あとは上るだけだと開き直ることができるか」とN氏はいいます。

就職面接でことごとく落とされ、やっと清掃会社に拾われた舛田氏。月給は16万円でしたが、それでも悲観的にはなりませんでした。一生懸命に清掃すれば、きれいになる。きれいになれば、お客さんが喜び、感謝される。そんな働きぶりが認められて、どんどん出世し、会社のナンバー2にまで上り詰め、新たに清掃会社を設立して経営者となりました。

そして、掃除は人生の縮図であり、成功を引き寄せると説く「そうじ力」の本がベストセラーになったのです。

「どん底まで落ちた舛田氏がどうして光を見失わなかったかわかるか?」

職を失い、1400万円もの借金を負うほど徹底的にどん底に落ちたからだ。どうしようもない大底まで落ちて、悩み抜くと開き直るんだ。大底まで行ったならあとはやることすべて上に向かう。実は人は上昇していると実感できることが重要なんだ。だから、舛田氏はどんどん上にいったんだよ」

　どん底まで落ちたとき、舛田氏は開き直ってがむしゃらに行動することができました。そこから新たな道が広がっていったのです。

　成功者のエピソードにはしばしばこのような大逆転劇が出てきます。このチャプターでは、そんなお金持ちになる人の逆転劇をみていきましょう。

どん底から這い上がるか、さらに落ち込むか

成功

やってみよう
もう悩み抜いた
あとは上手くいく
なぜ失敗したかわかった

失敗
ツイてない
もうやりたくない
こういう運命なんだ
やっぱり何やってもダメだ

心に火をつける成功者の金言

私の最大の光栄は、一度も失敗しないことではなく、
倒れるごとに起きるところにある

本田技研工業創業者　本田宗一郎

どうして開き直れるのか　▶こんな環境にいたからかもしれません[066]へ

018 「失敗はあきらめなければ、 失敗ではない」の真意

アメリカと日本では、お金持ちのスケールが違います。その要因のひとつは、アメリカが失敗について許容的な社会だからだといわれています。

「アメリカのお金持ちは、そこに至るまでに、一度や二度、会社を潰している。会社を潰したことが、ひとつの勲章になるほどだ。失敗し、そこから学ばなければ、大きな成功は得られないんだ」

あるアメリカ人経営者が、そう力説します。

「成功する人やお金持ちになる人の特徴はね、失敗を失敗と思わず、ひとつの発見であり、新しいドアが開かれるときだと思っているところだよ」

そういうのは、度重なる事業の失敗により、二度の夜逃げとホームレスまで経験した経営者です。七度目にして、ようやく事業が軌道に乗り、現在では年商6億円の会社を切り盛りしています。

彼いわく、ある人は商売で失敗し、測量士や軍人や弁護士をやってもパッとせず、仕方がないから政治をやったら、合衆国で一番尊敬される大統領になったといいます。それは、エイブラハム・リンカーンその人です。七転び八起き。人間あきらめなければ、なんとかなる。それが彼の信条です。

そうはいっても、商売の失敗や投資の失敗は、立ち直れないくらいのダメージになることはないのでしょうか?

「そんなもの、考え方ひとつですよ。ナポレオン・ヒルという人は、『ある仕事に三度失敗して、それでもあきらめないなら、あなたはその道で指導者になれる可能性があると思ってよいだろう。10回以上失敗して、なお努力を続けられれば、あなたの心には天才が芽生え始めている』といってます。私はそれを信じて何度も何度もチャレンジし続けているんです」

要は、失敗から何を学ぶかということ。失敗して、「これは自分に合わないことを学んだ」と思えば、それは選択肢を絞ることができたことにな

りますし、「この部分を間違えたから、今度は気をつけなければ」と考えれば、貴重な勉強代だったと捉えることもできます。この社長がいうように、あきらめなければゲームは終わらないのです。

　失敗したら、「よしひとつ利口になった」と喜ぶくらいに失敗と友達になることでしょう。そうすれば、失敗がいつか成功を呼んできてくれるに違いありません。

心に火をつける成功者の金言

失敗しない人間は、
多くの知っておくべきことを知る機会を失う

アメリカの実業家　ジョン・ワナメイカー

ムダは存在しない？　▶ セミナーも読書も同じです [107] へ

お金持ちの課題図書

『思考は現実化する』
ナポレオン・ヒル（きこ書房）

　鉄鋼王カーネギーに頼まれ、20年間成功哲学の研究に没頭し、その集大成として書き上げられた本書は、全世界で累計3000万部以上を売り上げ、成功本のキングと呼ばれています。あらゆる成功本のルーツであり、自己啓発関連書ビジネス書の源流でもあります。本書のなかには「プラスアルファの努力」について述べられています。与えられた役割以上のことを行ってこそ、評価を得ることができ、また自分のスキルも高まるということです。
「自分の仕事だけやっていても成功なんてできないよ。それ以上の努力が必要だよ」というこの言葉は、ステップアップを目指す人の仕事への向き合い方を教えてくれます。

019 成功者ほど、ネガティブ思考

世は「ポジティブ思考」花盛りです。物事をポジティブに捉える人に成功はやってくる。ネガティブ思考の人は、どんどん不幸を呼び寄せるだけ——たしかに、その通りです。

しかし、**「『弱気にならないようにしよう』『ネガティブな思考をしてはいけない』と考えるのは逆効果」**だと、金持ち養成講座を主宰するN氏はいいます。

なぜ、逆効果なのでしょうか？

成功本を読む人が増えているので、今ではネガティブ思考はダメだということはよく知られています。しかし、**「弱気になってはいけない」「自分に自信を持たなくてはいけない」**は、思考パターンとしてタブー。

それは、否定形の思考の流れだから。「弱気になってはいけない」は弱気の否定で、「自信を持たなくてはいけない」は自信がないの否定です。ネガティブ思考がいけないのは、否定的な考え方がよくないということなのに、「〜してはいけない」という考えは否定形そのものです。

つまり、最初にマイナス要因をイメージして、それを否定するという形になっています。こういう思考パターンは、かえってマイナス要因を意識させることになりかねません。

成功に近づく者は、「ネガティブ思考はいけない」ではなく、「ポジティブ思考で行こう」と考えます。「自分は自信を持たなくてはいけない」ではなく、「自分には自信がある」と思考します。そして、ただ思い込むだけでなく、ネガティブになる理由を探し、即対処するのです。

「ほんの小さな差が、成功者と凡人を分ける」とN氏はいいます。ささいなことのように思うかもしれませんが、この違いは大きいのです。

▶ネガティブ思考だからこそ、欠かさない投資先 [CHAPTER18] へ

成功者は、ネガティブな考えをひとつずつ処理する

アア、うまくいくだろうかー

あの計算詰めが甘いかも
➡再チェック

明日、商談で
締結するだろうか
➡話す内容を再検討

果たしてこれは
売れるだろうか
➡ニーズを再検証

心に火をつける成功者の金言

無理して明るい展望を描くより、
心の中から湧き上がってくる不安を大事にした方が、
努力につながると思っています

大創産業創業者　矢野博丈

お金持ちの課題図書

『斎藤一人　人生が全部うまくいく話』
斎藤一人（三笠書房）

何をやってもうまくいく人、うまくいかない人、その違いは「感謝の心」にありました。たとえ、人に騙されたとしても、「こんな人が騙すのか」とわかったことに感謝、「偉くなってから騙されたら、もっとたくさんのお金を盗られていたかもしれない」と感謝。つまり、あらゆる経験をこやしにすることが大切ということ。一人さんの言葉は、たしかになるほどと、うなずかされます。経済的成功だけではなく、人として豊かに生きたいと思っている人に、珠玉の名言を届けてくれます。

020 会社の倒産、住む家をなくす……、その後の大逆転の舞台裏

　ライターのM君は、数年前にベンチャー企業を立ち上げましたが、思うようにいきません。そこで、上場を目指している大学の先輩T氏に相談を持ちかけました。あわよくば、T氏から何か仕事をもらえないか。そんな期待を抱きながら話をしたM君でしたが、T氏の答えはまったく予想していないものでした。

「いや、そんなに落ち込むことじゃないよ。出版社でコツコツやっているより、もっと大きな仕事に巡り合える可能性がある。僕の知り合いのIT社長なんて、会社を倒産させた挙げ句、ホームレスにまで転落したんだ。でも、そのときの経験をもとに事業を立ち上げ、上場までさせてしまったんだからね」

　ホームレスから上場企業の社長？　まるでおとぎ話のようです。

「ネット上に質問を書き込んだら、それに詳しい人が回答を書き込んでくれるサービスがあるだろ。そのシステムを作った社長だよ」

　その社長は元々デザイン会社に勤めていて、独立してデザイン会社を始めたが、もくろみがはずれて仕事が入ってこなくなり、会社は破綻。その結果、公園でホームレス生活を送るまで落ちぶれてしまいました。

　T氏の話によると、ホームレス時代もポツポツとデザインの仕事は続けていたといいます。そんなあるとき、ホームページのデザインの仕事が舞い込みました。しかし、ホームページのデザインなどしたことがなかった社長は、どうすればホームページを作ることができるか、ネットの掲示板で尋ねてみたところ、誰も教えてくれません。

　それどころか罵詈雑言の嵐──「マナーがなっていない」「そんなこともわからないのか」と、けんもほろろの扱いです。

　ネットの世界はこんなに冷たいのかと、ずいぶんショックを受けました

が、このとき、わからないことを質問したら、誰かがきちんと答えてくれるサイトがあったらどんなに便利だろうとひらめきました。それが現在の会社を興すきっかけとなったのです。ホームレスから社長に復活できたのは、転落しても、希望を失わずにいたからでしょう。まだ明日があると思う人だけが、復活のチャンスをつかめるのでしょう。

心に火をつける成功者の金言

自分はなんて運がないんだろうと嘆く人がいますが、最善というのは最悪から生まれてくるものです

日本マクドナルド創業者　藤田田

世の中そんなに冷たい？　▶ネットで応援されて成功した話［P184］へ

お金持ちの課題図書

『ミリオネア・マインド　大金持ちになれる人』
ハーブ・エッカー（三笠書房）

お金持ちになれる人と、お金に縁がない人は思考回路が決定的に違う。この思考回路の違いが行動パターンを決め、人生を左右する。だから、お金持ちの思考を学び、マネることで成功へ向かうミリオネア・マインドを手に入れることができると説くのが本書です。お金持ちの指南書というより、仕事やタスクで成功するための取り組み方、心のあり方を述べています。たとえば、「仕事の報酬は時給ではなく、成果で受け取る」という考え方は、ビジネスを行う者に共通したマインドでしょう。考え方が変われば、行動が変わり、行動が変われば結果が変わります。成功する人はどういう思考パターンを持っているか。それを知るだけでも、自分を変えるきっかけになるに違いありません。

021

お金持ちが「成功」よりも、
多く経験していること

　成功者というと、輝かしい業績にばかり目が行きがちですが、実はどんな成功者も必ず経験していることがあります。

　それは、「失敗」です。

　一見、ヒット商品をバンバン発表しているアイデアマンに見えても、裏ではその何倍も失敗しているものです。**思い立ったらとにかく行動するから、失敗の数が多い。だたし、成功の数も普通の人より多い。**「下手な鉄砲も数打ちゃ当たる」という言葉がありますが、まさにそれを地で行っています。数々のアイデア商品で財を築き上げた生活便利グッズを販売する会社の社長も、まさに「下手な鉄砲も数打ちゃ当たる」式の行動力で会社を大きくしてきました。

　「数多くの失敗の山のなかでも、一つ二つの成功が出てきます」と社長。

　成功する人は、決めたことをさっさと実行に移します。それがすべて成功するわけではありませんが、実行する回数が多ければ当然、成功する数は多くなります。

　一方、行動を先延ばしにする人、やらない人は、実行機会が少ないから成功にたどり着くチャンスも少なくなります。

　成功する人は、合理的に行動しているだけなのです。

心に火をつける成功者の金言

僕はずっと失敗してきた。
今までのどのビジネスでも一勝九敗くらい。
唯一成功したのがユニクロです

ファーストリテイリング会長兼社長　柳井正

022 失敗は怖れるものではなく、成功への糧になる

「失敗は成功のもと」などといわれるが、それはお金持ちの世界でも通用するものでしょうか？　セレブ向けの情報誌を編集し、お金持ちの世界に詳しいT編集長に聞いてみました。

「お金持ちというと、すぐに『人生の成功者』というイメージを思い浮かべるかもしれませんが、お金持ちは、たんなる成功者ではありません。実は、失敗を多く重ねてきた人でもあるんです。自らの失敗をたっぷり味わった人こそが、大きな成功を勝ち得て、お金持ちになったといえるでしょう」

成功者と普通の人、差はどこにあるのでしょうか？

T編集長によると、**「失敗を怖れないこと」**だといいます。

何か行動を起こすと成功の報酬を期待できますが、同時に失敗するリスクもあります。それでもチャレンジする、それが成功者なのです。

対して、普通の人は、失敗を怖れて、何もしません。何もしなければ、失敗しない代わりに、成功もしない。だから、お金持ちになることもありません。普通の人はお金持ちをうらやましがりますが、お金持ちは失敗というリスクを取ってきた人たちです。そこがわからない限り、普通の人がお金持ちになることはありません。T編集長はそう断言します。

心に火をつける成功者の金言

一度も間違ったことのない人はいないだろう。
いるのであれば、それは、何も挑戦しなかった人だ

ダンキン創業者　ウィリアム・ローゼンバーグ

新しいことをするのが不安　▶ 転職を繰り返した人の話 [078] へ

023   ピンチがチャンスになる
きっかけは、想定外から

「子供の頃の夢が成功を手助けしてくれるヒントになることもよくあること。ときには大ピンチを救ってくれることもあるんですよ」

　某お金持ち氏が語ってくれたのは、遠い異国ハンガリーで成功を収めた日本人H氏の話でした。

　H氏は、ヒナの雌雄を見分ける「初生雛鑑別師(しょせいびなかんべつし)」。昭和20年代、国を挙げて養鶏事業に取り組んでいたハンガリーに渡り、ハンガリー人の年収の100倍という破格の待遇で迎えられました。なにしろ、ヒナの性差は非常に小さく、小さな生殖突起を見て雌雄を見分けることができる鑑別師は貴重な存在だったからです。特殊な技能をもとに海外で稼ぐ日本人——ここまでは見事な成功物語です。

　ところが、大きな落とし穴が待ち受けていました。それは友人が持ちかけた新規ビジネスが発端でした。その新規ビジネスとは、ウズラの卵の販売。当時、ハンガリーではウズラの卵を食べる習慣がなく、もの珍しい小さな卵がウケるのではないかと友人は共同ビジネスを持ちかけてきました。H氏は話に乗り、さっそく飼育所を建設して3000羽のウズラの飼育を始めたのです。

　結果は、ものの見事に大惨敗。ウズラの卵は、まったく売れませんでした。

　3000羽のウズラが毎日産み落とす卵の処理に頭を悩ませる日々。放っておくと在庫が積み上がり、どんどん腐っていきます。H氏は途方に暮れました。そのとき、あることを思い出したのです。

　H氏を救ったひとつの記憶。それは、高校時代に先生が口にした「腐りやすいものは燻製にしておくと保存がきく」というひと言でした。

　ワラにもすがる思いで、H氏は燻製のウズラの卵を作りました。そして、その燻製卵をレストランに持ち込んでみたのです。するとシェフはすぐに

気に入り、納入が決まりました。料理に使われた燻製のウズラの卵は評判になり、やがて高級スーパーも取り扱ってくれるようになりました。こうして、あっという間にハンガリー全土で知られる食材となり、近隣諸国でも販売される大ヒット商品となったのです。

　まさに、子供の頃の記憶が成功のきっかけ。ピンチのときに思い出される記憶は、何かを示唆している可能性がありますから、無下にしないほうがいいのです。

心に火をつける成功者の金言

卵の時に見て、これはいける、
これは駄目だというのは分からない。人は化けるのです

吉本興業元会長　中邨秀雄

▶どんなビジネスにも通じるチャンスになる発想の根本 [096] へ

お金持ち
の
課題図書

『道は開ける』
デール・カーネギー（創元社）

　『人を動かす』と並ぶカーネギーの代表著作。日本だけで200万部を超える大ベストセラーです。『人を動かす』が成功への道を切り開く成功本だとすれば、本書はさまざまな悩みの正体を明らかにし、その解決法を示してくれるメンタルヘルス本です。カーネギー自身が幾多の職業を渡り歩いたなかで遭遇した数々の困難をはじめ、多くのエピソードがちりばめられています。そのどれもが現代にも通じる悩みであり、そうした悩みと向き合い、克服していった事例は、私たちにとっても大いに参考になることでしょう。悩み多き現代人にとって、役に立つこと間違いなしです。

───── CHAPTER 5 ─────

なぜ、運が回ってこないのか
―千載一遇の「チャンス」の見極め方―

024

「前例がない」は、
最高のチャンス

　多くの成功者が「常識を取り去れ」と口にします。常識は往々にして、行動を抑制しようとしますが、成功するために行動を加速しなければならない者にとって、それは致命的なハードルになる可能性があります。そのため、スタートダッシュをかけるときは、"世の常識"などというものを取り外して、やるべきことに全精力を傾けることが必要だというわけです。

　多くの成功者は、人が考えつかないアイデアで、あるいは前例のない分野で勝負を賭けることにより、先行者のアドバンテージを持って成功を実現してきました。彼らにとっては、「前例がない」や「誰もが無理だと思っていること」はブレーキになるどころか、むしろアクセルになります。

　誰もやっていないからこそ、簡単にナンバーワンシェアが取れると考え、リスクを承知で勝負をかける。世の常識にあえて逆行することで、活路を切り開いていくのが成功者です。

　人と違うことをやってこそ、利を取る道が見えてくる。先行者の前例を踏襲していても、成功のチャンスはやってきません。このチャプターでは、成功者がどんなところにチャンスを見出しているのか見ていきましょう。

　非常識をやる人は他人の話を聞かない人？　　成功者の聞く力 [098 & P222] へ

前例は、あくまで検討材料のひとつ

誰もやったことがない　　　　　　先行者利益のチャンス

だれかやったけど断念　　　　　　新設備・新テクノロジーならできるかも

ニーズがない　　　　　　　　　　文化、環境が変わった今、ニーズがあるかも

前例がない

チャンスの宝庫！

心に火をつける成功者の金言

やってみなはれ

やらなわからしまへんで

サントリー創業者　鳥井信治郎

お金持ちの課題図書

『生き方』
稲盛和夫（サンマーク出版）

京セラとKDDIを創業し、JALを再生に導いたカリスマ経営者が語る成功の哲学。小手先のテクニックやノウハウではない、まさに生きる姿勢、目標を達成する意志について真正面から述べられています。何のために仕事をするのか、なぜ成功したいのか、どう生きたいのか。迷ったときにページを繰ると、原点に立ち返ることができるに違いありません。お金が欲しい、偉くなりたいと思う前に、一度目を通しておきたい一冊です。

025 人がやらないことに
チャンスは眠る

　普通の会社員だったHさんが資産家になった転機は、バブル崩壊にありました。Hさんの場合はバブル崩壊によって、地味で何の取り柄もない、いちサラリーマンから、資産数億円を運用する資産家に上り詰めたのです。

　そこには、どんな秘訣があったのでしょうか。

　普通のサラリーマンだったHさんにとって、バブル崩壊はあまり関係のない出来事でした。株価が暴落、地価も暴落と世間では騒いでいましたが、投資をしていないHさんにとっては、上がろうが下がろうがどうでもよいことでした。そんなHさんが投資の世界へ足を踏み入れたのは、折しも仕事でヒット商品を作ることができて、100万円ほど臨時ボーナスが入ってきたからです。バブル崩壊によって、大きく値下がりした株を100万円で買ったのが最初の投資でした。

「それでけっこう儲かりましてね。儲かると面白くなって、どんどん取引額を増やしました。で、ある程度資金ができたときに、不動産を始めたんです。地価も安くなっていましたし、かなり安く買えたんですよ。僕の場合は転売目的ではなく家賃収入ですね。これがうまく回転して、株価が下落しているときも利益を稼ぎ出してくれました」

　Hさんが株や不動産取引を通じて学んだのは、「みんながダメだと撤退しているときこそチャンス」だということ。株の格言に**「大衆は天井を買い、底値を売る」**というのがあるように、大衆が売るときに買い、買うときに売るのが儲かる投資のコツなのです。

　しかし、わかってはいるけど、それがなかなかできないのが人間というもの。「人の行かない道にお宝がある」という儲けの鉄則は、いつも肝に銘じておきたいものです。

機会は魚群と同じだ。
はまったからといって網をつくろうとするのでは間に合わぬ

三菱財閥創業者　岩崎弥太郎

お金持ちになるヒント

成功者に共通する５つの習慣

多くの成功者は、共通する習慣を持っています。どんなことを習慣にしているのでしょうか？

◇自己投資を惜しまない　▶[CHAPTER21]

成功者は、自分を高めるためにお金を使っているのです。そのひとつが読書。ウォーレン・バフェットは１日の３分の１を読書に充てているし、ビル・ゲイツは自宅に私設図書館を持っています。

◇食事に気を使う

アメリカの調査では、富裕層ほど肥満が少ないという結果が出たようです。成功者は自己管理しているのです。

◇運動を心がけている

自己管理に運動を取り入れている成功者が多い。ブームになっているのがトライアスロン。己との過酷な戦いが、経営に通じるのだとか。

◇ムダなお金は使わない　▶[041 & 042]

必要ないものには徹底的にお金を使わない成功者が珍しくありません。厳しい金銭感覚がお金を呼び寄せるのかもしれません。

◇即断即決する　▶[CHAPTER 2]

成功者やお金持ちには、せっかちが多いといいます。どんなことであれ、即断即決。まさにタイム・イズ・マネーです。時間はもっとも貴重な資源であるという意識が備わっているのでしょう。

026　「NO」か「YES」か、チャンスが隠れている口ぐせ

人にものを頼まれたとき、あなたはどう答えることが多いでしょうか？

「できません」

「一応やってはみますが……」

「やります。喜んで！」

「答え方で成功するかどうかがだいたいわかる」というのは、飲食店のフランチャイズ事業で業績を伸ばしている某社の創業者D氏です。

「考え方の問題。できないと答える人は物事をマイナス面から考える。やってはみますが……という人は、決断力が欠けている。やりますという人は、どうやったらうまくいくだろうか、うまくやれるだろうかと考える。それは、成功する人の思考に近い」とD氏。

たしかに、できるにはどうすればいいかと思考する人でなければ、物事は達成できないでしょう。実現のために知恵を絞るから、物事は形になっていきます。

それに、いつも「できません」「一応やってはみますけど……」ばかりいう人に、ものは頼みたくないですしね。

心に火をつける成功者の金言

誰でも機会に恵まれないものはない。
ただそれを捕まえられなかっただけだ

カーネギー鉄鋼創業者　アンドリュー・カーネギー

他に失敗する人の特徴は？　足を引っ張り合うマイナス環境 [059] へ

68

成功者が絶対に使わない口ぐせとは？

多くのお金持ちに話を聞いてみると、実に多くの人が言葉を大切にしていることがわかります。彼らは、前向きでお金を大事にする言葉を使います。逆にいえば、お金が逃げていくような言葉は使わないということ。多くのお金持ちがタブーとしている、いってはいけない口ぐせをいくつか挙げてみましょう。

◇「**お金がない**」

「お金がない」と口にすると、無意識に「自分はお金とは縁がない」と刷り込んでしまいます。

◇「**お金さえあれば**」

お金さえあれば何でもできるのではありません。お金を手に入れるために、何をするかが重要です。

◇「**お金なんて**」

「お金なんて」と口にする人は、お金を軽く見ています。そんな人にお金が集まらないのは、当たり前のことです。

◇「**おごって**」

人に「おごって」とねだるのは卑しい行為。お金持ちになる人は、他人にたかったりはしません。

◇「**○○が悪い**」

自分にお金がないのは、「景気が悪い」「政治が悪い」「法律が悪い」「あいつが悪い」と思っている人。何でも周りが悪いと考える人は、自ら汗をかく努力をしない人です。

思い当たるものはないでしょうか？　まずは口ぐせから気をつけてみましょう。

027 チャンスをモノにする人は 「口説き上手」

「チャンスの女神に後ろ髪はない」とよくいわれます。絶好の機会は多い
ものではないから、「ここぞ」というときにチャンスをモノにしないと、
もう二度とチャンスは巡ってこないという意味です。

しかし、いうは易く行うは難し。どうしたらチャンスに気づき、それが
通り過ぎる前に前髪をつかむことができるのでしょうか?

「チャンスをつかめるかどうかは、女性を口説くのに似ている」

あるお金持ちの紳士はそういいました。女性をモノにしたいのなら、い
い気分にさせることが重要。いい気分になれば、心を開いてくれやすい。
チャンスをモノにするのも同じことだというのです。

ほめ上手の男性は、いつもニコニコしていて女性に警戒心を抱かせませ
ん。ほめるのが下手な男性は、ムスッとした表情をしていることが多いよ
うです。どちらのほうに、女性が集まるかはいうまでもないでしょう。明
るくニコニコしている人の周りに集まるのは女性ばかりではありません。
女性・男性関係なく誰もがいい気分になりたいから、ニコニコしている人
のそばに行きたがります。人が集まれば、それだけチャンスもやってくる
というわけです。たしかに、ニコニコしている人、いつもアグレッシブで
はつらつとしている人を見ると、そばに寄って行ってしまうものです。

ビジネスも同じ法則が当てはまります。お客さんをいい気分にさせれば、
そのお客さんはまたやって来てくれます。いい気分になれば、今度は友達
を連れてやって来るかもしれません。つまり、チャンスが拡大するわけで
す。ということは、いつも明るく振る舞い、人を楽しませることを考え続
けることが成功の秘訣ということになります。

**「だから、どうやったら人に喜びを提供することができるかをよく考えて
おくことが重要なんだ」**と、紳士はとびきりの笑顔を見せながらいいました。

チャンスをつかむ人は、口説き上手

円滑なコミュニケーション

相手と距離を縮める

相手が心を開き始める

その考え方
すてきですね

その話もっと
聞かせてください

今度、よかったら
お食事でも…？

熱意のある
人だな

信頼でき
そうだな

この商品に
注目されるとは、
お目が高い

お客様のご希望
を教えてください

> ただのビジネスではなく、
> 人を楽しませる人のところに人が集まり、
> チャンスも集まる

心に火をつける成功者の金言

仕事をするときは上機嫌でやれ。
そうすれば仕事もはかどるし、身体も疲れない

ドイツの経済学者　アドルフ・ワグナー

▶いつもニコニコはつらつとする人の大原則［CHAPTER18］へ

028 「斜陽産業は儲からない」、常識を打破する非常識思考のすすめ

　日本の農家は毎年、おそろしい勢いで減り続けています。また、後継者が育たず、高齢化が進んでいます。どうして日本の農業はこんな状況になってしまったのか。理由は簡単。儲からないからです。

　儲からないから、農家が廃業していく。あえて苦しい農家になろうという者もいない。そのため、日本の農業はますます衰退し、食料自給率も低下の一途をたどっているのです。

　こうした状況を打開しようと、農業の規制が段階的に緩和され、企業が農業に参入することが認められるようになりました。その結果、各地に農業生産法人が誕生し、新しくビジネスとしての農業が始まっています。しかし、農業に参入した企業は数多いけれど、なかなか利益を出すことができないのが現状です。そんななかでも、驚くべき快進撃を続けている農業生産法人があります。長野県にあるT社。わずか10年で年商10億円を超えるまでに成長しました。T社の成長は、卸売市場を通さず、外食産業などに直接作物を納める契約栽培が根底にあるのですが、それだけではないとS社長はいいます。成長軌道にのったきっかけは「農業経験ないド素人中心で栽培を行なったこと」だというのです。

　当初は、近隣の農家から人を集めて生産を行っていました。しかし、うまくいきませんでした。というのも、契約栽培では、決められた期日に決められた数量の作物を納入するのが絶対条件。しかし、農家の人たちにとっては「どれくらいできるかはお天道様に聞いてくれ」というのが常識。期日に合わせるという発想がまったくありませんでした。そのため、1年目は大幅な赤字を出すことになりました。

　これに懲りたS社長は、2年目から農業に関心のある都会の若者を募集し、雇い入れました。農業に関してはズブの素人集団でしたが、契約数量

を達成するためにはどうすればいいか試行錯誤を重ね、見事に黒字化に成功。以降倍々ゲームの成長を続けたのです。

「素人ですから、農業関係者のような凝り固まった常識は持っていない。農業を儲かるビジネスにするためには、従来の農家の常識を持たない素人のほうが適しているというのが率直な感想です」とS社長は述べています。

どんな分野でもそうですが、当たり前と思われている常識を裏返してみると、意外に成功への道が見えてくるものなのです。

心に火をつける成功者の金言

もうダメだというときが仕事の始まり

京セラ・KDDI創業者　稲盛和夫

やっぱり、私には無理です　根本にこの考えがあるからかも [005 & P32] へ

お金持になるヒント

富裕層はどれくらいの割合で存在している？

日本には、どれくらいのお金持ちが存在しているのでしょうか？　野村総合研究所が発表した純金融資産（預貯金、株式、債券、投資信託、一時払い生命・年金保険など）の保有額から見てみましょう。

純金融資産に見る富裕層の世帯数

超富裕層（5億円以上）	8.7万世帯（0.16％）
富裕層（1億円〜5億円）	124万世帯（2.29％）
準富裕層（5000万円〜1億円）	341.8万世帯（6.32％）
アッパーマス層（3000万円〜5000万円）	712.1万世帯（13.18％）
マス層（3000万円未満）	4215.7万世帯（78.03％）

（野村総合研究所　2019年）

生活保護世帯の約163.5万世帯という数字と比べてみても、リッチな人はけっこういるものですね。

029 「顧客第一主義」に、陥りがちな落とし穴

　ビジネスで成功するためには「顧客第一主義」、すなわち顧客のニーズを的確に拾い上げ、提供することだといわれています。

「しかし、それでは多くのお客さんの要望を聞くことになって、商品やサービスはどんどん角が取れて丸くなってしまう。要するに、何の特徴もない、ありきたりのものになってしまいますよ」

　そういうのは、最近メキメキと頭角を現しているＡ社長。個性的な家具や食器、雑貨類などの店舗を多角展開しています。顧客第一主義というと、多くの人はすべての顧客の要望に耳を傾けることだと思っていますが、そうではないとＡ社長はいいます。大切なのは自分たちにとって、もっとも重要な顧客の要望を聞くことだというのです。

　はっきりといってしまえば、それは「上客」（コアファン）と「それ以外」を分けるということ。利益をもたらしてくれる上客を自分たちの顧客とみなし、その人たちの意見や要望には最大限に耳を傾け、尊重しますが、それ以外の人の要望は考慮しない。

「買わない客に時間を費やすのはコスパが悪いことでしょう。それなら、新しい客を探したほうがいい。見込みのない客を切るのも、重要な営業戦略ですよ」

　たしかに、Ａ社長の店舗の商品は、超個性的なものばかりで、デザイン性は優れているが、使い勝手が悪いという批判も少なくありません。

　しかし、それでも熱心なファンがつき、売り上げを伸ばしているのですから、彼らは彼の顧客を大事にしているのでしょう。それが、"すべてのお客さん"ではないということです。

　誰をビジネスの顧客と捉えるか。それは、ビジネスの成功を左右する重要なポイントなのです。

なにもかもすべてやろうとしたり、
すべてが正しく行われることを期待していると、
いつかは失望するはめになります。
完璧主義は敵です

フェイスブック COO　シェリル・サンドバーグ

客層を絞る必要ある？　▶その考え、完璧主義かもしれません ［014］へ

お金持ちになるヒント

売上の46％は、コアファンが占める!?

お客には、初見で買う人、企業ブランドで買うファン、企業ブランドを愛するコアファンなどのタイプに分けられます。次のグラフはそれぞれ、売上がどの程度を占めるのか、ある飲料メーカーのデータです。なんと、コアファンは 46％を占め、ファンとあわせると売上の約 9 割に及びます。（『ファンベース』佐藤尚之・ちくま新書・2018 年 2 月刊）

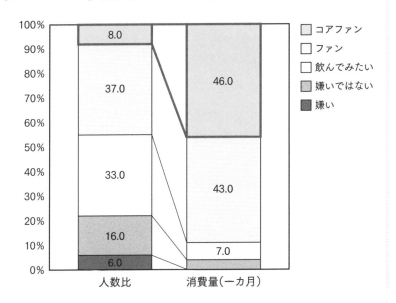

<u>030</u> チャンスに愛される人は
「メールの返し方」が違う

　多くのお金持ちや成功者に話を聞いてみて感じるのは、レスポンスが非常にいいということです。レスポンスのよさは、お金持ちになるための重要事項ではないかと思っていたら、あるお金持ちがまさに**「レスポンスのよさからチャンスをつかむことができた」**と話してくれました。女性実業家のＣさんです。

　彼女はコミュニケーションを非常に大事にしていました。たとえば、メールが来たら即返信はもちろんのこと、会った人や何かをいただいた人にはきちんとお礼状を出しているそうです。出張先でも絵葉書を買い求め、大切な人に近況報告の便りを送っています。

　でも、昔から筆まめだったわけではないといいます。あることがきっかけで、彼女はレスポンスの大切さに気づきました。それは、彼女が尊敬する先輩のある行動です。

　先輩は、彼女と話をしているときにメールが入ると、会話を中断してメールに返事を送りました。すると、またすぐに着信があり、それにも即返信すると、また着信があって返信。

　まるで女子高生が彼氏とメールのやりとりをするように、送られてきたメールにレスしていました。そのときは、バカみたいと思ったそうですが、後日、相手が取引先の社長だと知り、しかも大口の取引が決まったと聞いて、「あっ」と思いました。

　メールに即返信するのは、相手との心理的距離を縮めるため。心理的距離が縮まれば、そこに好感が生まれます。好感が生まれれば、取引も有利に運ぶということではないのか。そう思ったＣさんは、自分もメールに迅速に返信することを心がけてみました。すると相手の反応がよくなり、頻繁にメールが飛び交うようになりました。それとともに、彼女のビジネス

も順調に回転し始めたのです。

　たかがメール、されどメール。今でいえば、LINEでしょうか。あなたがなかなかチャンスをものにできないのは、メールやLINEの返信が遅いからかもしれません。

心に火をつける成功者の金言

人を動かすための秘訣は
自ら動きたくなる気持ちを起こさせること

自己啓発書の作家　デール・カーネギー

メールしたくなる人とは？ ▶面白い話をこちらからしましょう［099］へ

即返信ができません ▶迷う時間の代償を見てみましょう［011］へ

連絡を控えたほうがいい人は？ ▶［P148］のような人は一考の余地あり

お金持ちの課題図書

『伝え方が9割』
佐々木圭一（ダイヤモンド社）

成功は自分ひとりだけではできません。人に協力してもらい、何かをしてもらうことで階段を上っていくことができるのです。つまり、人を動かすコツが必要不可欠。本書は、まさに相手に何かをしてもらうときに、受け入れてもらいやすくなるテクニックが述べられています。言葉の使い方ひとつで、相手の態度が変わる、行動が変わる。そんな伝え方の極意を知るだけで、自分の行動も積極的になっていくことでしょう。相手を変えるだけでなく、自分も変わることができる成功アプローチの書です。

✹ SPECIAL INTERVIEW ✹

運を頼らない人ほど、
運を引き寄せる

某上場企業創業者　Ｒ氏

　一代で企業グループを育て上げ、地方の名門企業として知る人ぞ知る創業者に、成功の秘訣を聞いてみたところ「実際のところツイていただけだよ」という答えが返ってきました。ツキとは何か、話をうかがってみました。

——運もあったでしょうが、本当にそれだけなのでしょうか？

運やツキを呼び込む体質になるように心がけていたことかな。成功者やお金持ちというのは、ある意味、運に恵まれた人。一生に何度か大きなツキが舞い込み、それをモノにすることで成功する。ほんのちょっとしたことが明暗を分ける。実際、そういうことはよくあるんだけど、運やツキが舞い込みやすい人とそうでない人がいるように思うんだ。

——では、運やツキを呼び込む体質になるにはどうすればいいんでしょうか？

運を呼び込める体質とは、ひとつは周囲にいつも感謝している。朗らかな性格であること。周りのみんなによくしてもらっているおかげで、自分はいつも恵まれている。そう心から思っている人のもとに、運は宿りやすい。いわば、感謝と笑顔が、運をたぐり寄せているんだ。

——感謝と笑顔が運をたぐり寄せる？

たとえば、周りの人に感謝し、楽しそうにしている人を見ると、周囲の人たちはいい気分になるだろう。「感謝されるとこちらも嬉しい、また何かしてあげたい」「あいつに、いつか協力してやりたい」と思うようになる。感謝と笑顔を欠かさない人は、周囲からいろいろな後押しをしてもらっているんだ。その後押しを、運やツキとみなすこともできる。

——反対に、運やツキを呼び込めない人はどうなのでしょう？

逆説的なんだけどね、運やツキを呼び込めないのは、運やツキに頼ろうとする人たちだと思うよ。そういう人は、どうしても依存体質になりがちだ。周りに何かしてほしい、助けてほしい、提供してほしいという雰囲気をかもし出す。求めるばかりで、自分から何かを差し出そうとはしない。そういうにおいを感じさせると、周りの人は遠ざかり、支援を得られない。これが、運のない状態だ。

——たしかに、そうかもしれませんがなぜ運がいい人は成功しやすいのでしょうか？

自分はツイていると信じ込んでいる人にも、運やツキは宿りやすい。それをたんなる思い込みの強い人と片付けるのは、フツーの人。自分はツイていると信じるなら、常に物事に積極的になれるし、いい意味で楽天的でいられる。そんな姿勢の人は、ちょっと失敗したぐらいでは精神的にぶれることがない。だから、成功を得やすいんだと思う。

　ツイている人というのは何をやってもうまくいくように見えますが、それは自分で運やツキを味方につけて、応援団を増やしていたということです。反対に、感謝の気持ちや楽しむ心を忘れてしまうと、運やツキに見放されてしまうものなのかもしれません。

どのように、
インスピレーションを働かせるか
―お金を生む「アイデア」の源泉―

031 「儲かるアイデア」を 発想できる人の目の付け所

「あんなビジネス、よく思いついたな。自分にはそんな発想力ないよ」

　成功する新ビジネスを見て、こんな思いを抱く人も多いのではないでしょうか。

　これから起業してビジネスに打って出ようというとき、ものをいうのが「ビジネスアイデア」。こんな商品やサービスを提供すれば、多くの人に受け入れられるはずという絶妙なアイデアを武器に、新しいマーケットを生み出すのです。そんなビジネスアイデアはどこから生み出されるのか。成功者たちのエピソードをのぞいてみましょう。

　話をうかがったのは、「金持ち養成講座」を主宰するN氏。

「ビジネスは、ニーズがあって成立するものだ。だから、ニーズに基づいたビジネスのアイデアを出すことが重要なんだ。アイデアを生み出すコツはいろいろあるが、ひとつは人のイライラを解消するところから発想することだろう」とN氏はいいます。

　たとえば、ファストフード。これは、食事が出てくるのが遅くてイライラすることを解決する商品だといえます。多くの飲食店では、料理を注文してから出てくるまで早くても10分程度は待たなければなりません。

　でも、ファストフードなら注文したその場で商品が出てきて、すぐに食べることができます。これがファストフードが支持を受けた最大の理由です。

あなたの周りにも「イライラすること」はたくさんあるはず。それを解消する商品やサービスを思いつくことができれば、大儲けできるビジネスを始めることができるかもしれませんよ。

心に火をつける成功者の金言

**問題が大きければ大きいほど、チャンスも大きい。
大した問題でないものを解決しても、
誰も金を払ってはくれない**

サン・マイクロシステムズ創業者　ビノッド・コースラ

アイデアが浮かびません　▶机を汚くするという選択もあります［077］へ

お金持ち
の
課題図書

『FREE』
クリス・アンダーソン（日本放送出版協会）

これからビジネスを興そうという人は、ネットビジネスにおける新しいビジネスモデルについても知っておいたほうがいいでしょう。なぜインターネットの世界では、無料で集客し、利益を上げることができるのか。その仕組みを詳しく解説してくれるのが本書です。フリーの仕組みに違和感を持つか、それとも共感するか。いずれにしても、新しい時代にビジネスで戦っていくのなら、フリーは避けて通ることのできない戦略となることでしょう。

032 「儲からないだろう」と 思われるものこそ、バカ当たり

　成功するビジネスアイデアはとても感動的で、「これなら100%成功間違いなしだ」と思うようなものと考えていませんか。

　でも、実際はそうとばかりは言い切れないようです。世の中には、実にくだらない（と多くの人が思う）アイデアで大儲けしている人がいるのです。

　たとえば、イギリスの大学生は自分のホームページを広告スペースとして、1ピクセル＝1ドルで販売しました。普通なら、「こんなもん、誰が買うか」と思うでしょうが、これがバカ当たり。販売4カ月で100万ドルもの利益を手にしたというから驚きです。

　また、今でこそイヌ用のメガネやゴーグルは当たり前のように売られていますが、数年前にはじめて売り出した人は、みんなから嘲笑されました。ところが、予想に反して大ブレーク。大儲けしたばかりでなく、今やイヌのファッションの定番アイテムになっています。

　アラスカの北極に近い二束三文の土地を手に入れて、その住所から世界各地の子供たちにサンタクロース名義で手紙を送るというビジネスで大儲けした人もいます。サイトで10ドル支払って申し込めば、サンタから子供に手紙が届くのです。しかも住所はアラスカの奥地。夢を売って大繁盛です。

　このように、バカげた、くだらないと思われるビジネスアイデアでも、意外に成功している例が少なからずあるのです。

　「こんなので儲けられるかな」と思うようなそのアイデア、もしかすると、もしかするかもしれませんよ。

儲けの基本は、ブルーオーシャンです　　[024] へ

成功者のすべては、
小さな思いつきを馬鹿にしなかった人たちである

実業家　藤原銀次郎

成功する起業家の特徴５選

起業しても１年後にはほとんどの企業が廃業しています。生き残るのは、案外イバラの道なのです。成功する起業家の条件とは何か。『ビジョナリー・カンパニー』（日経BP社）からピックアップしてみました。

◇**特定の年に成長し過ぎない**

ある１年に急成長すると、翌年は反動が来ることが多いといいます。一定のペースで着実に成長するのがいいようです。

◇**テストをしてから大きく勝負する**

大勝負はいきなりしないほうが得策。小さく試してその結果をもとに勝負に出るかを決めましょう。

◇**大量に試して成功したものを残す**

多くの試行錯誤をしてみて、そのなかからうまくいったものを事業として育てていくという方法もあります。

◇**事業を作品だと考える**

製品やサービスが作品なのではありません。事業そのもの、また事業を大きくすることが創業者にとっての作品となるのです。

◇**チームに入れる人を厳選する**

成功する起業は、まず優秀な人ありき。ビジョンや戦略は、そのあとでいい。つまるところ、あまり欲を出さず、堅実な成長を目指すのがいいようです。リスクは常に人にあり。強欲になる心、はやる気持ちは、戒めたほうがいいということです。

CHAPTER 6　どのように、インスピレーションを働かせるか

033 専門知識なし、愛想なし、口も達者でない……。ビジネスはアイデア力で切り拓ける

有名な成功譚もご紹介しておきましょう。「総合ディスカウントストア ドン・キホーテ」の創業者、安田隆夫氏の話です。

ドン・キホーテ創業前、安田氏は不動産会社に就職しましたが倒産。次に始めた別荘地のセールスでは鳴かず飛ばず、すぐに辞めてしまったといいます。それから日雇い仕事で1日1日をしのいでいましたが、「これではいけない」と一念発起。独立を目指しました。専門知識はない、資格もない、愛想もない、口も達者でない、ないないづくしの彼が「これなら、なんとかできるかも」と始めたのが、小さな雑貨屋。

「雑貨なら誰にでも身近だし、専門知識もいらない。とにかく安けりゃ売れるだろう」という発想でした。

20坪の店を借り、店の名は「泥棒市場」。雑多で激安、掘り出し物が見つかる店という思いを込めました。

倉庫など借りる余裕はないので、商品はすべて店のなかに詰め込むしかありません。天井まで段ボールを積み上げ、そこに穴をあけて商品を見せ、手書きポップで飾り立てました。現在のドン・キホーテの代名詞といえる「圧縮陳列」と「ポップ洪水」の原点です。

一度来た客を帰したくないという思いから、客足があればいつまででも店を開けていました。これが終夜営業へとつながっていきます。現在でいうナイトマーケットを開拓したわけです。それからドン・キホーテの快進撃が始まりました。20坪の店が2億円を売り上げるまでになり、次々に出店。「総合ディスカウントストア　ドン・キホーテ」が誕生したのです。

「昨日の成功法則を捨て、誰もやっていないことをやってきたからドン・キホーテは成功した」と安田氏はいいます。

人と逆に我の道ありです。

明確な目的を定めたあとは、執念だ。
ひらめきも執念から生まれる

日清食品創業者　安藤百福

▶穴場を狙う。投資も同じ考え方でした ［055］ へ

お金持ちになるヒント

失敗する起業家の特徴５選

失敗しやすい起業家の特徴とはどんなものでしょうか？

◇新技術に振り回される

新しい技術を使えば儲かると安直に考えてはいけません。大切なのは、それを事業にどう結びつけるかです。

◇傲慢になる

衰退の最初のステップが、成功した起業家が傲慢になることはうなずけますね。

◇急成長したいという誘惑に負ける

破綻の原因は成長できないことばかりではありません。急成長し過ぎて、マネジメント能力が追いつかないケースもよくあるようです。

◇起死回生の一発逆転

業績が悪くなったときに、一発逆転の手を打とうとすると、たいていの場合は失敗するのは、どんな分野でもよくあることです。

◇カリスマ性をつけようとする

カリスマ性は身につけるものではなく、自然と備わってくるもの。無理してカリスマを装おうとすると、どこかに綻びが出てきます。

CHAPTER 6　どのように、インスピレーションを働かせるか

034

大儲けのカギは
「ギャップ」にあり

マダムＧと呼ばれる女性は、今でこそやり手の女性実業家としてバリバリ活躍していますが、元は普通の専業主婦でした。夫の転勤によってニューヨークで暮らすことになったのが第一の転機となりました。このとき、彼女は自分でも仕事を始めたのです。日本人バイヤーに宝飾品の商品案内をする仕事で、アルバイト程度の報酬を得ました。

その後、第二の転機が訪れます。夫との間に亀裂が生じ、離婚したのです。失意の帰国。それから１年は何も手がつかない状態でしたが、あるとき友人に誘われて宝飾品の展示即売会に足を運んだところ、その値段を見て彼女はびっくり。彼女がニューヨークでバイヤーに紹介していた宝飾品と同じものが、５倍から10倍の値段で売られていたのです。

それを見て、彼女の体に電流が走りました。「これはビジネスになる」という直感で。そこからの彼女は、別人のような行動力を発揮します。すぐにニューヨークに渡り、宝飾品会社のオーナーに日本でのビジネスを提案。自分を対等のパートナーとして日本におけるビジネスの全権を任せるように交渉したのです。その度胸が、オーナーの心を動かしました。

彼女は日本でホテルの宴会場を借り、展示即売会を行いました。それが大成功を収め、数千万円の利益に。それを宝飾品会社と折半し、そのお金で自分の会社を立ち上げました。そして、宝飾品にとどまらず、海外の優良商品を日本に紹介するビジネスを広げていったのです。

成功を目指す女性に、マダムＧは次のようにアドバイスしています。
「大切なのは、積極的なチャレンジ。ビビッときたら猪突猛進しかないでしょう。私は女性のほうがいざというときすごいパワーが出ると思っていますから、自分は女だからムリなどと思わずに果敢にアタックしてほしいですね」

人生は自分でつくるもの。遅いということはない

ケンタッキー・フライドチキン創業者　カーネル・サンダース

お金持ちが担いでいるゲン５選

お金持ちは信心深いものです。また、ゲン担ぎもよくするといいます。どんなゲンを担ぐのでしょうか？

◇トイレをきれいにする

松下幸之助氏も本田宗一郎氏もトイレをきれいにしていたといいます。昔からトイレには厠神（かわやがみ）がいるとされていますし、風水においてもトイレは財運に関わっています。きれいなトイレは、金運アップの元なのです。

◇金や光り物を身につける

金や光り物も財を呼ぶといわれています。お金持ちが時計や宝飾品を好むのは、そのことを直感的に感じ取っているからかもしれません。

◇黄色い食べ物を食べる

黄色は財力アップの色といわれているそう。そのため、黄色い食べ物が好まれるようです。卵焼き、とうもろこし、焼き芋、栗など、黄色い食べ物を口にして金運を上げてみましょう。

◇鬼門を意識する

風水では鬼門（東北）に水場があると、財が残らないとされます。鬼門に水場がある場合は、盛り塩や白いものを飾ると鬼門封じになるといわれています。

◇心にゆとりを持つ

お金、お金と執着するのも、かえってお金を逃がすことになるといいます。物質的豊かさだけではなく、精神的豊かさも追求して、心にゆとりを持つと、お金は自然と入ってくるものです。

035 「これはビジネスになる！」 売れるアイデアのつかみ方

　5年前までは普通のサラリーマンだったB氏が「ビジネスチャンスをつかんだ瞬間」を迎えたのは、日常業務のなかでした。

　B氏が勤めていたのは機械メーカーで、部品製造の工作機械が古くなったので廃品業者に引き取ってもらうことになりました。特殊な用途の機械なので転用がきかず、鉄くずとして引き取られた売り値は、たったの3万円。

　それからしばらくして、別の機械が故障しました。修理する部品が必要になったので、B氏は廃品業者を訪ね、同じ部品があるかどうかを問い合わせました。すると業者は倉庫にあった1台の機械を分解し始め、そのなかから同じ部品を取り出しました。B氏が驚いたのは、分解された機械。それは、先日B氏が売った機械だったのです。そして、廃品業者の請求金額を聞いて、もう一度驚きました。その金額は7万円。機械を売った値段より、なかから取り出したひとつの部品のほうが高かったのです。

　このとき、B氏はひらめきました。

　廃品となった機械には、ほかにも使える部品がたくさんあります。廃棄機械からそうした部品を取り出して売れば、ビジネスになるのではないか。彼はさっそく廃品機械と中古部品の相場を調べ、ますますビジネスチャンスの思いを強くしました。そして思い切って会社を退社し、中古部品の会社を立ち上げたのです。

　もくろみは当たりました。中古部品のニーズは思いのほか多く、廃棄機械を相場より少し高く買い取っても、分解して使える部品を売ると、仕入れた廃棄機械の10倍から20倍で売ることができたのです。

　「チャンスはどこにでも転がっていると痛感しました。ささいなことが、大きなビジネスにつながる。だから、疑問に思うことがあったら、すぐに調べてビジネスになるか検討してみることをお勧めします」とB氏。

われわれの周りにはまだ大きなビジネスチャンスが眠っています。それにいち早く気づき、その「瞬間」を感じ取った人が、お金持ちへのステップを踏めるのです。

今の仕事に隠されているチャンスを、つかむか、スルーか

この部品が
高く売れる!?

ビジネスに
なるかも？

or

へ〜！ すごーい。
まぁそのままに
しとこう

心に火をつける成功者の金言

少なくとも一度は人に笑われるようなアイデアでなければ、
独創的な発想とはいえない

マイクロソフト創業者　ビル・ゲイツ

ビビッとくるってそうある？　▶その瞬間をモノにした人たちの話 ［CHAPTER15］ へ

036 ビジネスチャンスを見つけたのは 「母親の介護」

　O氏は現在65歳。定年退職してからビジネスを始めましたが、まだ在職中に着々と準備を進めていました。O氏がビジネスを興すきっかけは何だったのでしょうか？

「きっかけは、母親が認知症になって、介護施設に通うようになったことです」とO氏はいいます。

　O氏は施設を訪ねるうちに、あることに気づきました。施設に入っているお年寄り、とくに女性はおしゃれをしたり、化粧をしたりするとパッと明るい表情になったのです。施設の人の話では、シャンプーして髪の毛を染めるだけでイキイキとしてきて、認知症の進行も遅くなるといいます。

　そのとき、O氏は「これだ」とひらめきました。お年寄りのためになって、なおかつビジネスにもなると思い、起業しようと決意したのです。O氏が始めたのは「介護施設に出向く出張美容院」。O氏は事業計画表を作り、在職中に介護福祉士の資格を取りました。そして、定年退職を迎えると会社を設立し、美容師を何人か雇って本格的にビジネスを始めたのです。

「始めてみると、予想以上のニーズがあったのには驚きました。私も介護の大変さは身に染みてわかっています。また、介護される側の大変さも理解しているつもりです。そうした人たちに楽しみや喜びを与える仕事ができて、仕事に充実感がありますよ」

　収益としては胸を張れるほどのものではないといいますが、それでも3店目の開店準備をしているというから、順調に成長しているのでしょう。

　高齢化がますます進展するこれからの時代、こうした高齢者を対象としたビジネスがさかんになってくるのは間違いありません。O氏は、自分の母親の介護の現場で、ビジネスになると感じました。まだまだ、この分野を見渡してみれば、新たなビジネスチャンスが転がっているはずです。

「ただの大変な介護」か、「人を喜ばすビジネス」か

ただただ大変

喜んでもらえる
＋
ビジネス

心に火をつける成功者の金言

常に一歩前進することを心がけよ。
停止は退歩を意味する

野村証券創業者　野村徳七

65歳からビジネスを始められる？　過去の自分との向き合い方［005］へ

今の仕事から新ビジネスを見つけられる人の特徴［076］へ

037　成功と失敗の分岐点は「ゼロベース」

　大きな成功を得るには、人と違うところを見て、違うことをやらなければなりません。あるブティックが成功した理由も、常識を常識として捉えなかったところにありました。

　地方のある都市に建設された巨大ショッピングモール。休日ともなれば、たくさんの人であふれかえる一大商圏です。

　そのブティックも、はじめは巨大ショッピングモールにテナントとして出店していました。そこそこの売り上げはありましたが、ライバル店舗が多く、売り上げはなかなか伸びていきません。

　そこで、巨大ショッピングモールから撤退。次に出店したのが、閑古鳥が鳴く、近くの商店街の一角でした。しかし、そこで巨大ショッピングモールに出店していたとき以上の売り上げを記録したのです。

　常識では、人を集める巨大ショッピングモールのほうが商機は多いと考えるはずです。さびれた商店街に出店する発想は生まれてきません。なぜ、そんなところに出店したのでしょうか。ブティックの店主はいいます。

「ポイントは、向かい側に調剤薬局があること。そこのお客さんが、まさにうちの店で商品を買ってくれるお客さんとかぶるんです」

　これが逆転の発想となりました。不特定多数の人を集める巨大ショッピングモールではなく、ピンポイントで対象顧客が集まる場所への出店——それがブティック店主の戦略です。店を出すなら人が多いところという常識にとらわれず、もっともチャンスがあるのはどこかを冷静に見極めた結果、誰も思いつかない戦略を見出したのです。すべてを一度、ゼロベースで見直してみることが大切。そこに、成功と失敗の分岐点があります。

なぜ、客数の多い場所を外した？　　[029] の考え方をしていたのかも

成功と失敗の分岐点

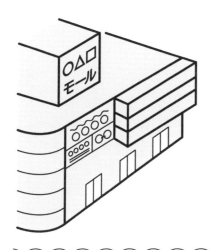

常識ではショッピング
モールの方が人が多く
て売り上げはある程度
あるけど……

セオリーでは、場所
を変える必要はない
けれど……

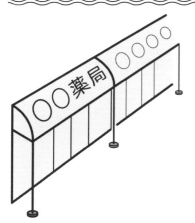

シャッター街だけれど、
想定顧客層がしっかり
いる立地

人のいない穴場で、
ライバルもいない
ためむしろ目立つ
のではないか

心に火をつける成功者の金言

度胸が欲しければ、
恐ろしくて手が出ないことに挑んでみることだ。
これを欠かさずにやり続けて、成功の実績をつくるのだ

自己啓発書の作家　デール・カーネギー

「お金があるときこそ借金をしなさい」
って、なぜ？

美容室オーナー　M氏

　都心の一等地に建つシャレた美容室。この美容室のオーナーM氏はこの本店美容室をトップに、全国6都市に10店の美容室チェーンを展開しています。かなりのお金持ちのM氏に成功の転機を聞いてみると、「無借金経営をやめたときかな」という答えが返ってきました。

——えっ、それって逆なんじゃないんですか!?　借り入れがないから返済に追われることもなく、健全で安定した経営であるのでは？

　まあ、借金がないわけだから健全といえば健全だけど、発展は望めないよね。つまり、大金持ちになることはできないね。

——飛躍するために借金を積極的に活用すると？

　オレもね、一時は無借金経営をやっていたんだよ。美容室の経営は順調で、事業拡大を目指さなければ、安定した利益を生み出していた。しかし、あるとき知り合いの美容室が潰れたんだ。銀行の貸し剥がしにあってね。ひどいと思った。いいときは「お金を借りてください」と頭を下げるのに、少し景気が悪くなると途端に「金返せ」でしょ。こんな理不尽なことはない。けれど、ちょっと待てよ、と。銀行が金を貸してくれるのはいいときしかないんだったら、経営がうまくいっているうちにお金を借りるしかないじゃないか。それで試しに融資を申し込んだら、あっさりOK。その資金で2店舗目を出して、それが軌道に乗るとまた借金して3店舗目という具合

に増やしていったんだ。

——経営が順調なときでなければ、生きたお金を使えないということでしょうか？

うまくいっているときに、一気に攻めなければ、チャンスを逃がしてしまう。だから、オレは今積極的に借金して事業を拡大しているんだ。それが成功を大成功に引き上げるコツかな。

——でも、もし何らかの事情でうまくいかなくなったらどうするんです？

そのときは、躊躇なく商売を縮小するよ。そのための準備もあるし、オレは手に職があるからね。また女房と小さな街の美容室でもやるさ。

——お金を増やすためには、多少リスクを取ってでも攻めなければいけないんですね？

貸し手と借り手では、どっちが強いかというと、実は借り手なんだ。たしかに、貸し手は最終的に資金を引き上げ、借り手を潰すことができるけれど、そのときは返り血を浴びる。貸した資金のすべてを回収できるわけではないからね。貸し手だって、借り手を潰せば大損をするわけですよ。だから、実は貸し手は借り手の出方にビクビク怯えているんだ。オレなんか、「今潰していいの。それじゃ、お金、回収できないよ。それより、今の事業にお金、貸してよ。うまくいけばみんなまとめて返せるようになるよ。このほうがいいんじゃないの」と、いつも開き直ってきたからね。

　そうやってM氏は図太く生き抜き、事業を拡大し続けています。お金持ちとは、実にしたたか者であるのです。

PART II
お金持ちの「運をつかむ」習慣のポイント

CHAPTER 4 (p52〜)
どうやって失敗からやり直せられるか
―折れない「逆転」思考―

- 危機的状況を悩み抜いた人ほど開き直る。すると、次への扉が開かれる
- 失敗を学びにして成功の糧とするか、失敗に終わらせて後悔するか
- 「うまくいくだろうか……」と悩むネガティブ思考をひとつずつ処理すれば、失敗を事前に防ぐ、成功の道しるべになる
- どんな状況であろうと"希望を持つこと"で、転落人生から大逆転する
- 失敗の数が多いほど、成功に結び付く経験値が高い
- ピンチを予想できないように、チャンスも想定外からおとずれる

CHAPTER 5 (p64〜)
なぜ、運が回ってこないのか
―千載一遇の「チャンス」の見極め方―

- 「前例」はあくまで検討材料。「前例がない」はやらない理由にならない
- 「NO」後ろ向きの返答ばかりする人と、「YES」前向きの返答ばかりする人。協力的に仕事をしたいと思われる人はどちらか
- 人を口説く極意は「明るい振る舞いと人を楽しませる」。ビジネスも同じ
- 売上の46％は、たったの8％の上客（コアファン）が占める

CHAPTER 6 (p80〜)
どのように、インスピレーションを働かせるか
―お金を生む「アイデア」の源泉―

- ビジネスに結びつくアイデアは、人がイライラしているところにあり
- 成功したビジネスアイデアは、「小さな思いつき」から始まる
- 成功法則はあくまで参考に。誰もやっていないことが新成功法則になる
- 「ビジネスになるかも？」身近な仕事に、思いがけない成功のタネがある

Ⅲ

お金持ちの
「資産運用」の
習慣

お金持ちは、お金を働かせて稼いでいます。上手に資産運用を行って、利益を得ているのです。株式投資、債券投資、不動産投資、ＦＸ、投資信託……さまざまな投資ジャンルがありますが、彼らはどんな投資をどんな手法で行っているのでしょうか？　お金持ちたちの投資のノウハウを学べば、お金に働いてもらうことも夢ではありません。彼らの資産運用の秘密をのぞいて、あなたも投資ノウハウを磨いていきましょう。

CHAPTER 7

なぜ、お金の稼ぎ方より
使い方が大事か
—「消費」の美学—

038

「お金を使うスキル」なくして、
お金持ちはありえない

「生き金」「死に金」という言葉があるように、価値の高いお金の使い方をしたいものです。どのようにしたら、価値の高いお金を使うスキルが身につくのでしょうか。

「お金の使い方というスキルの習得には、経験がものをいう。いつも100万円以内の決済しかしていない人間は、10倍の1000万円の決済をするとき正常な判断が鈍る。経験がないからだ。でも、1億円の取引をしたことがある人間は、1000万円の取引で緊張したりはしない。だから、お金の使い方の経験を積むことが重要なんだ」とは、さる大富豪の言葉。

さらに、**「お金の使い方の経験を積むということは、同時にお金の価値を正しく判断できるようになるということでもある」**といいます。

人は、苦労して稼いだお金は尊く価値のあるものだと思いがちですが、同じ金額ならギャンブルで一瞬にして儲けたお金も同じ価値。それをわかっているといないとでは、お金の使い方にずいぶん違いが出てきます。だから、お金持ちになりたければ、お金の使い方を早くから練習したほうがいいというわけです。

いわれてみれば、もっともなこと。お金の価値に余計な私情をはさむのは禁物。お金持ちの「お金の使い方」を学んでいきましょう。

心に火をつける成功者の金言

事業は金がなければできないが、
正しい確たる信念で裏づけられた事業には、
必ず金は自然に集まってくる

カルピス創業者　三島海雲

▶お金を使う哲学に、今のお金の有無は関係ないかもしれません ［002］ へ
▶こんな賢いお金の使い方もありますよ ［P94］ へ

お金持ちになるヒント

お金持ちは何にお金を使っている？

お金持ちといえば、派手な外車に乗り、高価な時計や宝飾品を所有し、骨董品などを収集しているイメージです。でも、本当にそうなのでしょうか？　実は、5億円を超える資産を持つ超富裕層と5億円未満の資産のプチ富裕層では消費行動に大きな違いがあるといいます。

プチ富裕層

1	高級車の購入
2	時計・宝飾品の収集
3	美術品・アンティークの収集
4	投資・資産運用

超富裕層

1	投資・資産運用
2	美術品・アンティークの収集
3	時計・宝飾品の収集
4	高級車の購入

これを見ると、プチ富裕層は自慢できるものにお金を使っているのに対して、超富裕層は堅実に投資に多くのお金を投じているのがわかります。

039 「100万円分のワインを買え」、 鑑識眼をいっきに身につける方法

　雑貨店を営むＴ君は、すでに３軒の店を構えるやり手の経営者。店で扱うのは国内外の雑貨と家具。商品はＴ君があちこち回って探してきたものを置いています。彼の目利きに信頼を置く、コアなファンもついています。その鑑識眼はどこで養ったのか尋ねると、意外にも「ワインで」という答えが返ってきました。

「ワインを覚え始めたとき、あるワイン評論家の本を読みました。そこに『本気でワインを学びたければ、100万円で10本のワインを買え』とあったんです。1000円、2000円のワインをちまちま飲むより、ずっとワインの本質がわかると」

　そして、Ｔ君は実際に100万円をワインに注ぎ込みました。50万円のもの、30万円のもの、15万円のもの、5万円のものという感じで。

「50万円のワインを飲んだときは、素人の僕でも感動しましたね。これが一流かと。ほかのワインもそれぞれ特徴的でした。そうすると、なんとなく1000円台のワインも、うまいワインと、そうでないワインがわかるようになってきたんです。それが今の商売の仕入れに生きています」

　Ｔ君は、商品は値段に見合っていると思えばためらわず仕入れます。まだ店が小さいからと、安い商品ばかり扱っていると、安いものしかわかりません。そんな仕入れ方だから、売れ残りも少なくありません。

　でも、いいと思ったものを仕入れるやり方を続けていくうちに、次第にいいものがわかるようになり、在庫も減るようになっていったといいます。

「大事なのは、仕入れるときに別の価値観を絡ませないこと」というＴ君。1000円の商品は、1000円以上の価値があるかどうかだけを考えて仕入れる。今月は余裕があるから、ちょっと冒険して買ってみようとか、誰々が勧めていたからという理由でお金を出すことはありません。

「そうじゃなきゃ、僕みたいな若造の仕入れた商品なんて、誰も買おうと
しないですよ」

そういうＴ君の表情は自信に満ちていました。

心に火をつける成功者の金言
___

「大人の遊び」は人生や仕事に役立つ

岡野工業社長　岡野雅行

そんなにお金ありません	▶ お金持ちはあまり関係ないようです [P162] へ
余るほど金があるからできる？	▶ お金持ちは総じて倹約家です [042] へ

お金持ちの課題図書

『20歳のときに知っておきたかったこと スタンフォード大学集中講義』
ティナ・シーリグ（ＣＣＣメディアハウス）

著者自身が社会に出るときに知っておけばよかっ
たことをまとめたもの。起業家精神に基づいた
チャレンジの大切さについて、そしてイノベーショ
ンを起こすための方策が述べられています。たと
えば、多くの成功者は「たくさん失敗せよ。そして、
そのなかから学べ」といいますが、どのように学
べばいいのか。シーリグ先生は、「失敗のレジュメ」
を書くことを勧めています。成功したことを書く
のに慣れた学生たちは失敗について書くことに

とまどいますが、やってみると、なぜ失敗したのか、そこから学ぶべきこ
とを冷静に判断することができるのです。実際の授業をもとにしたもの
なので、非常に実践的で明快。海外のエリートたちがどんなことを学ん
でいるかを知るという意味においても、読んでおいて損はありません。

040　セレブがプライベート ジェットを買う、予想外の理由

　お金持ちの究極の贅沢といえば、プライベートジェットではないでしょうか。いったいなぜプライベートジェットを買うのでしょうか。また、どれくらいのお金がかかるのでしょう？

　プライベートジェット本体の価格はピンからキリまであるそうですが、有名映画俳優やスポーツ選手などが所有する豪華なものは、新規購入する場合、65億〜80億円といわれています。さらに改装などすれば、数億円以上の上乗せが……。それだけではありません。使わなくても維持費が年間1億円以上。機体の大きさにもよりますが、燃料費は1万キロあたり20万円程度、飛行機を置いておく駐機代も年間1000万円以上。さらにパイロットなどの乗務員の給料もあります。

　とてつもない金食い虫ですが、それでも富豪たちはプライベートジェットを欲しがります。それくらいメリットがあるということでしょうか。富裕層向けのコンシェルジュ・サービスを展開しているH氏が説明します。

「定期便の飛行機の時間待ちをする必要がありません。自分の出発の時間に合わせて空港に待たせておけばいいのですから、世界を股にかけてビジネスを展開している人にとっては非常に大きなメリットがあるといえます。また、搭乗手続きやセキュリティーチェックもありません」

　少人数による快適なフライト時間を過ごせるということも見逃せません。しかし、そればかりではないようです。富裕層にとっては節税効果という意味も大きいのです。プライベートジェットは高額ですが、ほぼ5年で償却することができます。つまり、課税所得を抑える効果があるのです。

　さらに、今はプライベートジェットの需要が伸びているので、中古市場でも価格が高騰しているため、5年経って売却しても半額程度で売ることができ、節税効果と合わせれば、実質的にかかるコストはそれほど高くは

ないとのこと。メリットを考えれば、プライベートジェットを持つという選択は合理的ということもできるのです。

心に火をつける成功者の金言
金銭は独立の基本なり、これを卑しむべからず

慶應義塾大学創立者　福沢諭吉

やっぱり納得できない？　▶こんな理由があったのかも［060］へ

お金持ちになるヒント

セレブ御用達の雑誌とは？
セレブに限定した「富裕層向け雑誌」なるカテゴリーが存在します。いくつかをご紹介しましょう。

『Nile's SNILE』ナイルスナイル（Table & Company発行）
会員に無料配布されていますが、会員になるには職業や年収など厳しい審査があるといいます。内容は、国際分散投資などのマネー情報や高級リゾートなどのセレブ向け情報がびっしり。広告も数千万する高級車をはじめ、高級ブランド品がひしめいています。

『THE RAKE』ザ・レイク日本版（ザ・レイク・ジャパン発行）
シンガポールで創刊されたメンズマガジンの日本版。ファッション、クルマ、時計、旅行などを中心にセレブなライフスタイル情報を発信しています。日本版は日本独自の記事と質の高い情報を紹介しています。

『PAVONE』パヴォーネ（KPクリエイションズ発行）
心の贅沢を提案する情報誌。ライフスタイル、ファッションを中心に、教育、資産運用までセレブが求める情報を提供しています。品格や格といった目に見えない価値を重視して誌面を展開。定期購読かオンライン書店で購入できます。

041 100万円使う資産家が、100円のムダ使いを嫌う理由

　もはや伝説と化した感のあるバブルの時代では、ヘリコプターでラーメンを食べに行ったり、誕生パーティーに来た人すべてに10万円のタクシー代を渡したり、狙った女性に「これでいくらでも買い物をしていいよ」とプラチナカードを渡して口説く人がたくさんいたと聞きます。しかし、派手な浪費を続けた人たちは、バブルの崩壊とともに消えました。

　バブル崩壊のなかでも、しっかりと生き延びてきたお金持ちの多くは、堅実な資産家です。倹約家といってもいいでしょう。もちろん、高級品も持ってはいますが、それは「これはいい」と価値を認めたものだけ。

　アメリカの政治家で実業家としても有名なベンジャミン・フランクリンは、**「ささいな出費を警戒せよ。小さな穴が大きな船を沈めるだろうから」** と浪費を戒め、倹約することを説いています。浪費を始めると、キリがなくなります。最初は100円の浪費くらいはいいかと許していた人が、いつの間にか1000円の浪費、1万円の浪費をするようになります。それが1年、5年と年月を重ねていくと、10万円、100万円浪費していることになるのです。

　本当のお金持ちが倹約するのは、浪費の怖ろしさを知っているからです。浪費が習慣化すると身の破滅につながります。だから、ムダなことにお金を使うことをひどく嫌うのです。

心に火をつける成功者の金言 ....

十セントを大切にしない心が、君をボーイのままにしているんだよ

アメリカの実業家　ジョン・ロックフェラー

それでもムダ使いしそう？　▶こんな習慣を取り入れてみては？ [103] へ

042　倹約家のお金持ちはいても、ケチはいない

　お金持ちには倹約家が多いというのは本当です。同時に、「ケチな人はお金持ちにはなれない」といわれます。倹約とケチ──似ているようですが、そこには決定的な違いがあります。何でしょうか？

　「倹約とは、ムダなものにはお金を出さないということ。浪費癖のある人はお金を貯められませんし、ビジネスで成功することも難しい」

　そういうのは、田園調布に居を構える資産家です。では、ケチは？

　「ケチというのは、必要なものにもお金を出し惜しむ人のこと。倹約家はムダな出費を嫌うだけで、必要な投資は行う。しかし、ケチな人は必要なことにさえお金を出そうとしないので、チャンスに巡り合える確率も低くなる。だから成功しにくいんです」

　たとえば、英語の勉強の場合、倹約家は惜しみなくお金を出すので、レベルの高い英会話学校を選択します。いつか学んだ英語が生きて、そのスキルでお金を稼げるかもしれません。

　一方、ケチはお金を出すのが嫌いなので、授業料の安い低レベルの英会話学校に入るか、独習教材を買って安くしようとします。その結果、英語スキルも低く、英語を武器にして稼ぐこともできません。

　倹約とケチの違い、おわかりいただけたでしょうか。お金を出さないという点では、両者はよく似ていますが、倹約家には将来性があります。ケチにはないのです。

心に火をつける成功者の金言

節約せずに誰もお金持ちにはなれない。
そして、節約する者で貧しい者はいない

イギリスの詩人　サミュエル・ジョンソン

043 ムダな出費を元手に、
投資でお金を増やす

普通のサラリーマンでありながら、3年間で300万円の投資資金を作ったMさんは、まとまった金額を貯めるのは難しくないと述べます。

「私は、給与も平均並みのサラリーマンですが、年間100万円は余裕資金を貯めることができました。もちろん、そのためにはムダを徹底的に省かなければなりません」

徹底的にムダを省くためにMさんが行ったのは、家庭の支出を一覧表にして「見える化」したことです。何にどれくらい使っているか、一覧にしてみると節約できるところが見えてきます。たとえば、多くの場合、最大の支出は住宅ローンですが、借り換えによって条件が有利にならないかどうか、かなりこまめにチェックしているといいます。また保険の見直しも行い、本当に必要でないものは解約しました。

もっともコストカットできるのは、なんといってもクルマです。クルマはかなりの金食い虫なので、本当に必要かどうかを家族でよく考えてみたほうがいいでしょう。Mさんの家では、半年間、クルマの利用頻度、走行距離、維持費、ガソリン代などを調べて、レンタカーを借りた場合と比較してみた結果、レンタカーを借りたほうがはるかに安いことがわかったので思い切ってクルマを手放しました。クルマを一概にムダなものだと決めつけることはできませんが、一度くらいは必要性を検討してみることは、けっしてムダなことではないはずです。

心に火をつける成功者の金言

リスクとは、自分が何をやっているか
わからないときに起こるものだ

アメリカの大投資家　ウォーレン・バフェット

投資資金になる、削れるムダな生活出費

①1枚の紙に支出を見える化

家庭の支出を紙に書き出して見える化することで、
"何気なく使っていた"ムダなコストがなくなる

②住宅ローンの借り換え

毎月の最大の出費が住宅ローン。借り換えることで
有利になるものであれば積極的に借り換える

③保険の見直し

本当に必要な保険かどうか見直し、
ムダと判断したら解約

④細かい支出を総チェック

衣服代、飲食(菓子)代、趣味の用具代などを本当に必要だったか、再チェック。
他には、スマホ購入時に自動的に加入されていた費用のかかるアプリや、
使用頻度の低いサブスクリプションサービスをチェック

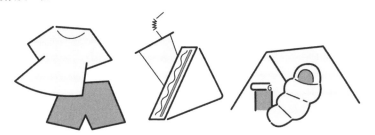

⑤クルマなど、費用の高い
　コストカットを要検討

クルマなど、あって当たり前という固定観念を捨て、
一度、さまざまな方向で検討したい。ここ半年の
利用頻度や維持費などと比べてレンタカーなど、
レンタル可能なサービスに替えるのも一考

切り詰めてまで投資は必要？　▶その理由は次の [CHAPTER 8] へ

SPECIAL INTERVIEW

お金持ちか、貧乏人のままか、 その明暗の分かれ目

若手事業家　K氏

　やり手実業家として注目を集めるK氏は、資産家の息子。しかし、彼は親の事業を継ぐのではなく、自ら事業を興して地位と資産を築きました。そんなK氏に、お金持ちになることができた要因を聞いてみました。

——お金持ちになったきっかけは何ですか？

親の教育、でしょうか。

——親の教育ですか？

高校に入学したときに、親父から1000万円入った預金通帳を渡されて、好きにしていいといわれた。これを自分なりに資産運用して増やしてみなさいって。運用の方法はひと通りレクチャーを受けたよ。

——それで、投資の才能を開花させたわけですか？

まさか。ものの見事にすっちゃったよ。投資は失敗。遊びにもかなり使ったなあ。今思えば、おそろしい高校生だった。

——お父上はひどく怒ったでしょう？

いや、まったく怒らなかった。ただひと言こういったんだ。「お金はうまく

使えばどんどん大きくなるが、愚かに使えばあっという間に消えていく。そのことだけは覚えておきなさい」ってね。

――意味ある言葉ですね。

おそらく親父は、はじめからこうなることがわかっていたんじゃないか、と思う。親父が教えたかったのは、「お金の力」だと思う。さすがに1000万円の大半がなくなったとき、青くなったよ。そして思い知った。賢く使えば、お金は大きな力を持つけど、バカが使うと虚無感しか残らないことにね。

――1000万円を使ってしまった経験が、起業につながっていますか？

リベンジというのかな。このままじゃ終われないという思いはあった。金も最初の1000万円以外まったくもらってないよ。古着屋から始めたけど、その開店資金も友達からかき集めたからね。

――お父上の事業のほうは？

あっちは、弟が継ぐことになると思うよ。それでいいんだ。オレはすでに親父から大きなものをもらっている。「1000万円すったこと」っていう貴重な経験を高校時代にね。

　フランスのある銀行家は、金持ちと貧乏人の違いをこう評しました。「金持ちとはお金があるのに余計なことには使わない人たちだが、貧乏人はお金がないのに使ってしまう人たちだ」と。言い得て妙、たしかにお金をたくさん持っている人のほうが使い方がしっかりしていて、逆にお金に困っている人ほど使い方がルーズというのはよくある話。お金持ちが持っているのは、「お金の哲学」なのです。

CHAPTER 8

どうして、
お金から自由になれないか

―「資産の価値観」をリセット―

044 働いても楽にならない……。
ラットレース脱出の唯一の方法

働いても働いても、いっこうに暮らしがラクにならない。まるで滑車をクルクル回しているハムスターのよう……、ロバート・キヨサキ氏は『金持ち父さん　貧乏父さん』で、一生懸命働いてもなかなかお金が貯まらない一般庶民をそう表現しています。

たしかに、今はなかなか給料が上がらない時代。勤労所得だけでお金持ちになるのは厳しいといわざるをえません。

「だから、不労所得を得ることを考えなければダメなんです」 というのは、資産アドバイザーのT氏。

「不労所得」とは、株や不動産などへの投資で資産を作ること。一度資産を築いてしまえば、黙っていても一定の収益が継続的にポケットに入ってきます。資産形成のメリットはそこにあるのです。

不労所得というと、働かずして利益をむさぼるというような卑しいイメージをお持ちの方もいるようですが、要は「お金に働いてもらう」ということ。投資してお金を増やすことは、けっして卑しいことではありません。むしろ、お金を有効に活用してお金を増やすことは、お金にあくせくすることから自由になるということを意味します。お金持ちになるということは、自由を獲得するということでもあるのです。

045 「フロー型」と「ストック型」どちらを選ぶか

お金持ちには「フロー型」と「ストック型」2種類のタイプがいます。「フロー型お金持ち」は、商売で商品やサービスを売って利益を得たり、給与所得をもらってお金を貯めたお金持ち。たとえば、外資系金融機関やファンドで高額のサラリーをもらっている人間が代表的なフロー型お金持ちといえるでしょう。

「ストック型お金持ち」は、株式や不動産などによって資産形成してきたお金持ちです。株や不動産の含み益（キャピタルゲイン）や家賃収入（インカムゲイン）でお金を増やしています。

さて、どちらのタイプのお金持ちが手堅いのでしょうか？

かつて外資系証券会社に勤め、そこで得た収入をもとに株や不動産に投資して数億円の資産を形成したE氏は、**「ストック型のほうがはるかに手堅い。その証拠に、外資で高額サラリーをもらった連中はこぞって不動産に金を入れている。会社を辞めたあとが不安だからだ」**と述べます。

外資系金融機関では、成績によっては億単位の高額サラリーを得ることも珍しくありません。しかし、その半面、成績が上がらなければすぐにクビを切られることになります。いつまで高収入を得られるかわからないので、もらっているうちに資産を作っておこうと投資にお金を回しているのです。やはり、お金持ちになるにはストックを持つ必要がありそうですね。

心に火をつける成功者の金言

障子をあけてみよ
外は広いぞ

トヨタグループ創業者　豊田佐吉

046

資産運用を始める、その前に
すべきたったひとつのこと

　資産運用を始めるには、まず投資資金を捻出し、学んだ投資手法や考え方に基づいて投資行動を行うことになります。

　しかし、多くの投資の教科書や資産運用本では、それよりも前にやらなければいけないことがあると述べられています。それは、「最低２～３年は無収入でも暮らしていける生活資金を確保すること」です。

　これはひとつのリスク管理といえます。未来には何があるかわかりません。勤めている会社が倒産して失職するかもしれないですし、大病を患って仕事を辞めざるをえなくなるかもしれません。あるいは、このご時世ですからリストラの対象とならないとも限りません。そういう状況に陥ったときに、当面の生活の心配をしなくてすむように、２～３年は暮らせる生活資金を投資資金とは別に準備しておく必要があります。

　では、１年分の生活資金とはどれくらいの金額を指すのか？　一般的にいって１年間の生活資金とは年間の総支出額ということになります。毎月の食費・住居費・光熱費・交通費・レジャー費用などが30万円の家庭なら、年間の生活資金は〈30万円×12カ月〉で360万円ということになるでしょう。２年分なら720万円、３年分なら1080万円です。

「くれぐれも投資は『余裕資金』で行ってください。余裕資金とは生活資金を除いた資金ということです。1000万円の銀行預金がある人が、1000万円の貯蓄をすべて投資に注ぎ込んでしまうのは、非常に危険な行為です」

　投資コンサルタントのＫ氏はそう述べます。

「これは投資を行う基本中の基本です。それすらもできないようなら、投資をしてはなりません。取り返しのつかない大ケガをしてしまいますから」

　何をするにも、基本は大事にしたいものです。

資産を運用する際のキホンの「キ」

「最低でも、2年は無収入で暮らしていける生活資金を用意」
あらゆるリスクを視野に

会社の倒産　リストラ　病気で休職　家族が病気

↓

1年分の生活資金の計算

1年分の生活資金＝年間の総支出額

例
食費、住居費、光熱費、交通費、レジャー費など、合計30万円とすると……

年間では、30万円×12カ月＝360万円
2年分なら、720万円

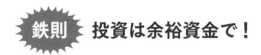

鉄則 投資は余裕資金で！

心に火をつける成功者の金言

金銭は無慈悲な主人だが、有益な召使にもなる

ユダヤの格言

047 自ら損を認める「損切り」の鉄則

　多くのお金持ち投資家に、「投資で失敗しないためには何が一番重要か」を尋ねてみると、大多数のお金持ち投資家の答えは共通していました。それは、「損切り」です。プロのトレーダーやベテランの個人投資家は、損失を拡大させないために、損失が一定の割合になると、自動的に取引を終了する「ストップロス」の手法を用いています。

　どれくらいの損失が出たらストップロスするかは、人によって違うようで、買い値より2％下落したら売るという人もいれば、5％、あるいは10％という人もいます。いずれにしても損失を最小限にとどめるためという目的は共通しています。初心者投資家や損ばかりの投資家は、この損切りができないとお金持ち投資家たちは指摘します。

「気持ちはわかります。損切りして取引を終わらせたら、損失が確定してしまうわけですからね。今日は下がったが、明日にはまた反発するはずだ。そう思いたくなります。でも、経験からいっても、そういうときはズルズルと下がっていくことが多い。だから、損切りは冷徹に行うべきなんです」

　たしかに、その通りでしょう。ズルズルと値を下げて損が大きくなれば、売るに売れなくなります。そうやって売れずに残ってしまう銘柄は「塩漬け」と呼ばれ、再び株価が買い値を上回るまで冬眠することになるでしょう。損切りしなければ損は確定しませんが、塩漬けになれば大切な投資資金の一部がフリーズして使えなくなってしまいます。

　損を確定させるのは痛い。自ら損を認めたくはないという気持ちはわかります。しかし、そこで塩漬けになり、投資機会を失う、あるいは減ることのほうがもっと痛いことです。そうならないためにも、損切りをしっかりと設定して、ケガはかすり傷程度にしておくのが、賢くお金持ちになる一番大切なルールなのです。

投資で「失敗しないプロ」「損し続ける初心者」

損し続ける初心者	失敗しないプロの投資家

損し続ける初心者

判断が間違えていたことを認めたくない心理が働くため

→ 損を確定させることを嫌い、躊躇する

→ ためらうムダな時間でズルズルと損失がふくれ上がる

失敗しないプロの投資家

一定の損失が出たら自動的に取引を終了する「ストップロス」の手法を用いる

→ 最小限の損失で食い止められるため、次に進める

投資で失敗しない超基本！

「損切りをきちんとすること」

損失が発生したら、ポジションを閉じて取引を終わらせること

心に火をつける成功者の金言

決断の条件は小心・大胆・細心

東京電力元会長　平岩外四

048 投資の神様が大事にしている「投資の基本法則」

「20世紀最高の投資家」と呼ばれるウォーレン・バフェットは、米『フォーブス』誌の長者番付上位の常連で、1000万円から始めた投資で10兆円以上の資産を築いたといわれています。

バフェットの投資手法はデイトレードとは対極をなすもので、自分がよく知っている業界であること、よい経営陣がいること、そして独自に計算した企業の本来的価値より現在の株価が大幅に割安だと判断したときに集中的に購入し、長期的に、ときには20年以上にわたって保有するというスタイルです。

バフェットは、アメリカ市場がITバブルに沸き返っているときにも、「IT産業についてはよく知らないから」という理由でハイテク企業の株を買いませんでした。それにもかかわらず、ハイテク企業が多数上場するナスダック市場の成長率を上回る利回りを出したというのですから、まさにカリスマと呼ぶにふさわしい投資家といえるでしょう。

一般の個人投資家が20年以上も長期保有できるかわかりませんが、企業の本来価値を見極めて割安だと判断したら、中長期的に値上がりを待つという投資スタンスは参考にできる部分が多いのではないでしょうか。

「最終的にどのような取引スタイルを選択するかは投資家一人ひとりの考え方次第だが、少なくとも投資に慣れるまでは、中長期的にコツコツと稼ぐスタイルで知識と経験を積み上げていったほうがいい」

というのは、投資歴30年を超えるベテラン個人投資家のアドバイスです。

あまり欲をかいて、短期間で資産を増やそうとしてもろくなことはありません。 水泳初心者がいきなりプールに飛び込んでもすぐには泳げないように、徐々に水に慣れていき、正しい泳ぎ方のフォームを身につけていくのがよさそうです。

短期と長期で、投資スタンスは大きく変わる

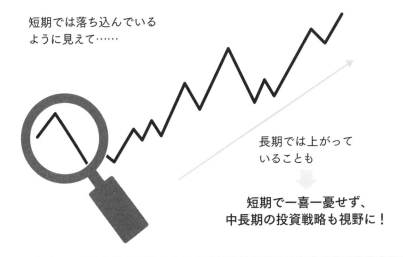

短期では落ち込んでいる
ように見えて……

長期では上がって
いることも

短期で一喜一憂せず、
中長期の投資戦略も視野に！

心に火をつける成功者の金言

焦ってはいけません。
私は急ぐ人間が成功したのをみたことがない

愛田観光元社長　愛田武

お金持ちの課題図書

『お金持ちになれる黄金の羽根の拾い方2015』
橘玲（幻冬舎）

2002年に出版された『お金持ちになれる黄金の
羽根の拾い方』を昨今の現状に合わせて改訂した
ものです。実際に一般のサラリーマンが実践でき
るかどうかは別にして、税や金融商品等の仕組み
を知り、経済合理性の観点からどのように付き
合っていくべきか考える視点は、多くの人の参考
になるに違いありません。マネーリテラシーを高
めてくれる、お金の指南書といえます。

049 投資リスク回避の定石 「ひとつの籠に卵を盛るな」の真意

投資を始められない理由のひとつは、「リスク」に対する怖れでしょう。

投資の世界でリスクに対応するために勧められているのが、「分散投資」です。株式投資の格言に「ひとつの籠に卵を盛るな」というものがあります。「ひとつの籠にすべての卵を詰め込むと、何かにつまずいて転んだら全部の卵が割れてしまう可能性がある。だから、卵を運ぶときはいくつかの籠に分けて運べ」という教えです。分けて運べば、たとえ転んでひとつの籠の卵が全滅したとしても、残りの籠の卵は無事です。投資も、ひとつの金融商品や銘柄に資産を集中せずに、いくつかに分散する。それが分散投資です。

分散投資で、もっともわかりやすいのが「資産三分割法」です。これは、資産を「現金」「株式」「不動産」などの3つに分け、運用するというもの。たとえ株価が下がっても、不動産価格が上昇していれば、その損失を穴埋め、あるいは最小限に食い止めることができます。また、現金だけで保有しているよりも、資産が増える可能性もあります。

どれくらいの資産をどの投資対象に振り分けるかは、人によって異なるでしょう。多少リスクを取ってでも、大きなリターンを得たい人は株式への投資の比重が高くなるでしょうし、老後の資金を長期的にローリスクで運用したいという人は投資信託などの金融商品に重きを置いたほうがいいでしょう。いずれにしても、「お金に働いてもらう」ためには、さまざまな投資リスクの勉強は欠かせません。

心に火をつける成功者の金言

人生がやりたいことと違う方向に向くことはよくある

ソニー元社長　大賀典雄

投資リスク回避の定石「分散投資」「ドルコスト平均法」

分散投資　試算を分散させてリスクを抑える

一般に、金利と債券価格、債券価格と株価はシーソーの関係にある

たとえば、資産をひとつにまとめておかず、
次のように分散させる

ドルコスト平均法

時間を分散させてリスクを抑える。定期的に一定額を投資していくことで
平均買付価格が平準化され、AやBでまとめて投資した人はC地点で売っ
ても利益が出ないが、ドルコスト法なら利益が出る可能性がある

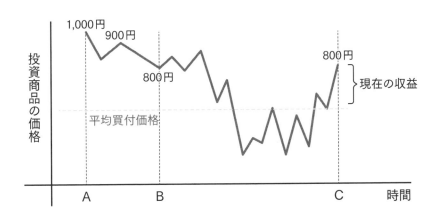

CHAPTER 9

どうすれば、投資に成功できるのか
── お金持ちの「投資戦略」──

050 不労所得だけで生活するには 元手がいくら必要か

　不労所得だけで暮らしていくには、どれくらいの資産が必要なのでしょうか？

　株式やFXなどの投資だけで生計を立てているF氏は、そういう質問をよく受けるといいます。「**でも、かなり持っていないとダメという以外いえないんですよね**」とF氏。

　たとえば、贅沢せず、そこそこ豊かに暮らしていくには年間500万円必要だとしましょう。5％の利率で運用し、500万円を得ようとすると、資産は1億円必要ということになります。ただし、現在の日本国内で、安定的に5％で回せる金融商品などまずありません。FXで海外の高い金利の通貨を買うという手もありますが、今度は為替差損が生じて元手自体を減らしてしまうというリスクが生じてきます。

　「**僕はトレードだけで生活していますが、たくさん勉強しなければならないですし、胃が痛くなるようなことも多い。とても不労所得とは思えないですね。やられた日は1日で何キロも体重が落ちることもあります**」とF氏。

　安定した不労所得ということでいえば、家賃収入もありますが、500万円以上の利益を得るには、高額な賃貸物件を所有している必要があります。

　結局のところ、**安定的な不労所得だけで生活するとなると、少なくとも億、現実的には数億が必要**ということになるでしょう。

お金持ちが資産運用で心がけていること５選

資産運用は、ただやみくもに投資すればいいというものではありません。資産運用にも、気をつけなければいけない点があります。お金持ちが資産運用で心していることとは何でしょうか？

◇仕組みが理解できない金融商品には投資しない

金融は高度化され、金融商品も複雑化しています。デリバティブやオプション取引を組み込んだ金融商品がたくさん販売されていますが、いくら魅力的に見えても、賢い投資家は、説明されて理解できない金融商品には投資しません。リスクは見えないところに隠れているからです。

◇金融機関やFPを信用しない

お金持ちは、銀行や証券会社をやみくもに信用してはいないようです。手数料の高い不利な金融商品を売りつけてくることがあるからです。ファイナンシャルプランナーも金融機関から紹介手数料をもらっているケースが多いので、頼り切りにはしないそうです。

◇投資の手数料は徹底的に研究する

取引手数料は投資の利益を確実に引き下げるもの。継続的に投資で収益を上げようと思うお金持ちは、コンマ数％の単位まで徹底的にこだわっています。

◇元本保証に踊らされない

元本保証をうたう投資信託商品がありますが、運用費用がかかり、利益の大半を失うケースもあります。損をしないことは魅力ですが、利益を上げにくい商品にお金持ちは固執しません。

◇投資よりも借金返済

借金の金利は、多くの場合、投資のリターンを上回ります。借金で発生する利子は、利益を確実に目減りさせていくので、まず借金返済を優先すべき。お金持ちは、どうすれば得になるかということを常に考えています。

051

するか、しないかで
倍の差が出る「複利」

投資は、長期的にじっくりとお金を増やすのが基本。だから、なるべくなら早い段階から始めておきたいものです。運用期間が長ければ、それだけ高いリターンを期待できるからです。投資をする人と、しない人ではどれくらい差がつくのか。その一例をご紹介しましょう。

Aさんは、毎月3万円を銀行の普通預金に貯蓄していました。話をわかりやすくする便宜上、普通預金の利息はないものとします。Bさんは、毎月3万円を積み立て、それを年利5％で運用した。すると、30年後にはどうなっているでしょうか。

Aさんの場合はわかりやすいですね。1080万円の資産です。

3万円× 12 カ月× 30 年＝ 1080 万円

年利5％のファンドで積立運用するBさんの場合はどうでしょうか。

10 年後	**465 万円**
20 年後	**1233 万円**
30 年後	**2496 万円**

（1000 円以下切り捨て）

Aさんの倍以上の資産を持つことができることになります。

これは、Aさんが毎月3万円ずつしか増えていかないのに対して、Bさんは複利運用（利息を元本に組み入れて運用すること）したことで、雪だるま式に運用益が上がっていったためです。**「お金を増やす＝投資」をするのとしないのでは、これほど差が出る**ということを理解しておきましょう。

もちろん、これは毎年確実に5％で運用できるという前提があればこその数字ですし、増やすどころか、目減りするリスクもあります。ヘタを打って、全財産を失ったという例も枚挙にいとまがありません。だからこそ、お金持ちは慎重にリスクと向き合いながら投資を行っています。

心に火をつける成功者の金言

自分の人生なのだから、よくするのも悪くするのも、原因は自分にあると考えてがんばるしかない

ユニ・チャーム創業者　高原慶一朗

お金持ちになるヒント

「土地と金融資産」の投資選択

投資による資産形成は、おもに株式などの金融資産への投資と、土地などの不動産への投資に分かれます。本物のお金持ちは、どちらを重視しているのでしょうか？　それぞれのメリット、デメリットを考えてみます。

	株式投資	不動産投資
売買のしやすさ	市場で簡単に売り買いできる。敷居は低い。	売買手続きが面倒。すぐに売れるかどうかわからない。
価格の増減	価格変動が激しい。急騰・急落がある。	価格変動は緩やか。暴落はほぼない。価値がゼロになることもない。
維持費	株式投資に維持費はない。ただし、塩漬にすると、その分の資金は使えない。	固定資産税がかかる。賃貸物件なら、補修費・改修費なども必要。

以上、どれも一長一短があります。参入のしやすさは株式投資のほうが断然ハードルが低いので、投資初心者は株式投資から。投資の何たるかを知ってノウハウを身につけた人間が不動産投資に進んでいくようです。

052 「年齢」「投資資金」「銘柄数」……、
リスク管理の大原則

投資リスクは、年齢によって変わることをご存じでしょうか。

どの程度の資産を運用に回していいかを示す指標として、「100から年齢を引いた割合」という説があります。

30歳なら 〈100 − 30 = 70〉　　資産の70%を資産運用に回す
50歳なら 〈100 − 50 = 50〉　　資産の50%を資産運用に回す
80歳なら 〈100 − 80 = 20〉　　資産の20%を資産運用に回す

30歳ならまだ若く、将来も十分な収入が見込めるので多少リスクを取って大きく増やすことを考えてもいいでしょう。しかし、80歳ではリスクを低くしたほうがいいということになります。異論もあるでしょうが、資産運用を考えるうえでの参考になります。

また、分散投資は、投資対象を「株式」「不動産」「外貨取引」「投資信託」など、異なるものに振り分けますが、株式投資のなかでも分散投資をしてリスクの軽減を図るのが普通です。ここでも基本は同じ。異分野のものを組み合わせるのです。問題はどれくらいの銘柄に分散するかですが、理想をいえば多いほどいいといえます。しかし、20銘柄を超えて分散投資を行っても、さほど効果は変わらないという研究成果もあります。しかし、投資初心者にとって10銘柄も20銘柄も管理するのは大変で、ミスも多くなるでしょう。そのため、経済評論家のY氏は、**「初心者は異業種の3銘柄くらいから始めてはどうでしょうか」**といいます。

たとえば、日本を代表する輸出産業の雄としてトヨタを選ぶとすると、次は内需関連株として金融の三菱UFJフィナンシャル・グループを選び、3つ目はどちらでもない銘柄としてエンターテインメントのホリプロにす

るといった具合です。こうして3銘柄を管理できるようになったら、また異なる種類の銘柄を組み入れていき、徐々に銘柄数を増やしていくのです。

　ここで重要なのは、1銘柄ごとの勝ち負けに一喜一憂するのではなく、保有する銘柄全体のパフォーマンスを見るということ。ある銘柄では下げても、別の銘柄がそれ以上に上がってトータルではプラスになっている。それが分散投資を行う意義であり、目的です。

心に火をつける成功者の金言

すべての出来事は、前向きに考えればチャンスとなり、
後ろ向きに考えればピンチとなる。
問題が起きたことが問題ではなく、
どう考えたかが本当の問題である

実業家　福島正伸

『チーズはどこへ消えた？』
スペンサー・ジョンソン（扶桑社）

　チーズとは、人生で求めている大事なものの象徴。それが突然消えてしまったとき、どうするか。2匹のネズミと2人の小人の行動から「変化にどう対応するか」について述べた本です。IBMやアップル、メルセデス・ベンツなど著名な企業が社員教育に採用したことで知られています。環境の変化を常に敏感に感じ、変化にうまく対応すること、その行動が早ければ早いほどいい結果をもたらすという本書。とてもシンプルで単純なストーリーですが、なかなか奥が深い内容になっています。

053 レバレッジをかけるか、コツコツやるか……、資産運用の原則

資産運用の専門家はよく「レバレッジをかける」という表現を使います。また、「レバレッジ○○」といったタイトルの書籍も見かける。レバレッジとはいったい何のことでしょうか?

レバレッジとは、本来「てこ」という意味。金融の世界では「他人の資本を使うことで、自己資本の利益率を高めること」と定義され、信用取引など、少ない元手で多額の資金を運用できるようにする仕組みを指します。そこから派生して、現在では「より少ない資金(努力)で、最大のリターン(効果)をあげる」という意味で用いられることも多いようです。

お金持ちは、てこを利用して自分の資産を運用しているので、うまくいけば倍々ゲームのように増えていきます。しかし、**これから資産運用を始めようとする人は、最初はレバレッジなどかけず、地道に資産運用していったほうがいいでしょう**。シロウトが生半可な知識だけで手を出すと、大ケガのもとになります。

投資の対象には、おもに、次のようなものがあります。

◇株式投資

企業が発行する株式を購入すること。株主になると、会社の出資者となり、株主総会で議決する権利や配当金、株主優待を受ける権利を得ます。また、株式市場で売買することで、買った金額以上の値で売ることができれば売買益を手にすることができます。

◇投資信託

投資家から集めたお金をひとつの大きな資金にまとめ、運用の専門家が株式や債券に投資する商品のこと。何に投資するかは、各投資信託の専門家が行いますが、株式、債券、不動産など投資対象はさまざまで、複合型も

あります。

◇個人向け国債

国が発行する国債のうち、個人が購入できるもの。1万円から購入可能で、半年ごとに利子を受け取ることができます。満期時には元本が戻ってきます。

◇外貨預金

日本円ではなく、外国通貨で預金すること。一般的に外貨預金のほうが円預金よりも金利が高い傾向にあります。ただし、為替レートの変動によって外貨預金の価値が日々変化しますから注意が必要です。

◇外国為替証拠金取引（FX）

証拠金を差し入れて、日本円と米ドルなどふたつの通貨の為替相場を予測して売買を行う金融商品。レバレッジがきくため、少額の資金で大きな取引を行うことができますが、元本も利益も保証されません。

◇不動産投資

不動産物件を購入して第三者に貸し出し、家賃収入を得る投資のこと。あるいは売買して売却益を得る投資手法。不動産価格は変動するので、不動産を貸して得られる運用益が重視されます。

◇金投資

金を売買する投資のこと。「有事の金」と呼ばれ、株式や債券などと異なる値動きをするため、投資対象として昔から重視されてきました。純金積立や金貨・金地金取引、投資信託、金先物など投資方法がいろいろあります。

　また、絵画や骨董品などの美術品やアンティーク家具、ヴィンテージ・ワインなどもオークション等で売買されて価格が変動するので、投資の対象となります。資産家やお金持ちは、これらを組み合わせ、リスクを分散しながら、もっとも有利なもので運用しているのです。

054 成功率たった５％の、手を出してはいけない投資

　資産運用や投資について関心のある人間なら、「デイトレード」はご存じでしょう。デイトレードとは文字通り、午前９時から午後３時という市場が開いている時間内で取引を完結する投資手法です。

　デイトレーダーは、パソコンのモニターとにらめっこをしながら、買った銘柄の値が少し上がると売却して利益を確定し、下がれば早めに損切りして次を狙います。わずか数円、数十銭の値動きに神経をとがらせ、他人よりも早い瞬発力で利ざやを稼ぐのです。

　カリスマトレーダーも現れ、普通の大学生が３億円稼いだだの、主婦がセレブに大変身しただの、デイトレードの成功体験をつづった本もたくさん出版されています。こうした成功事例を見せつけられては、デイトレードで一攫千金を目指したくなりますが、デイトレードは簡単に利益を上げられるのでしょうか？

　残念ながら、そんなに簡単なことではないようです。米カリフォルニア大学の調査によると、**株式投資を行っている６万世帯を調査したところ、頻繁に売り買いを行っているグループがもっとも運用成績が悪い**という結果が出ています。また、デイトレーダーの７割がすべての資産を失い、利益を上げることができたのはわずか５％だったという調査結果もあります。それほどデイトレードは難しいということです。

　資産運用の初心者が、そのような難しい取引に参加するのは無謀です。もし、どうしても参加してみたいなら、それなりの投資経験を積んでからにしましょう。

055 プロの投資家よりも稼ぐ、
小さくも大きい一手

　投資家のN氏は、「個人投資家が儲けたいなら、大型株より小型株を狙え」と教えてくれます。大型株・中型株・小型株の区分けは、時価総額や流動性など総合で判断しますが、一般的には発行株式数が多いものが大型株、発行株式数が小さいものが小型株と考えていいでしょう。

　『金持ち父さん　貧乏父さん』の著者ロバート・キヨサキ氏も小型株に投資していると述べています。

　「儲けたい人は好んで小型株に投資するものだ。小型株は何か材料があったり、少し大きな買いが入るとたちまち株価が跳ね上がり、それを見た投資家が殺到して大きく高騰しやすいからな」とN氏はいいます。

　また、小型株を注意深く見ていると、面白いことに気づきます。たとえば、毎年同じような値動きをする銘柄がいくつもあるのです。そういうものを調べて、安値で仕込んでおくと、5倍、10倍という高リターンの可能性があるとN氏は述べます。なぜ、同じような値動きをするのでしょうか？

　それは、その銘柄にファンがついているからです。同じ動きをすることを知っているから、少し急騰するとワッと買いが入って瞬く間に噴き上がり、それを見た一般の投資家が入ってくる頃に利益を確定して引いていくのです。いうまでもないことですが、短期間に高騰するということは、その逆もありえるということ。落ちるときも、その動きは急であることは頭に入れておく必要があります。損切り設定をせずに逃げ遅れた場合は、手痛い損失になることを覚悟しなければならないでしょう。

　それさえ認識しておけば、小型株への投資は十分に面白いといえます。有名銘柄ばかりでなく、値動きする小型株もチェックしてみてはいかが？

CHAPTER 9　どうすれば、投資に成功できるのか

129

056 自動的に年間500万円入る 不動産投資のしくみ

　かつて日本では「土地は必ず値上がりする」という土地神話が信じられており、不動産取引でひと財産築いた人がたくさんいました。しかし、バブル崩壊で地価が下落し、不動産市場も冷え込んでしまいました。かつてのように、簡単に不動産で大儲けとはいかない時代です。

　しかし、『金持ち父さん　貧乏父さん』の著者ロバート・キヨサキ氏は、地価が暴落するなかでも不動産投資で確実に利益を上げてきたといいます。キヨサキ氏は、ある雑誌のインタビューで、**「市場が下落すればするほど賢い投資ができる」**と述べています。

　キヨサキ氏のビジネスモデルは、不動産の転売ではなく賃貸。転売によるキャピタルゲインではなく、**家賃収入というインカムゲインを目的として不動産を取得しています。この場合、不動産価格が低いほど、初期投資が抑えられ、利益率は高くなります。**一般に不動産価格は下落しても、家賃はそれほど落ちないからです。だから、不動産価格の暴落は、キヨサキ氏にとっては大歓迎というわけ。

　日本でも、インカムゲイン目的の不動産投資で大儲けしている人がいます。外資系金融機関に勤める銀行マンのTさんもその一人。家族は奥さんと娘が一人、貯蓄は3000万円ほどありました。Tさんはその貯蓄のうち1000万円を頭金として、残りは銀行のローンを組み、約1億円の中古マンションを一棟購入しました。家賃収入は月約80万円。単純計算で9％以上の利回りになります。ローンの返済は月30万円。固定資産税を引いても年500万円ほどの収益が上がるといいます。

　毎年自動的に500万円もの収益が入ってくるなんて、うらやましい限りですが、お金持ちになるには、こうした仕組みをいかに作り上げるかにかかっています。

毎年、"自動的に"500万円入るしくみ

銀行マンTさん

年収1,200万円

貯蓄3,000万円

↓ 貯蓄から

現金1,000万円
＋
銀行に約9,000万円ローン
} 1億円の
中古マンション
1棟購入

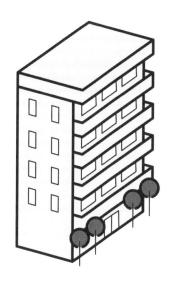

・都市部の人が集まるエリア
・駅に近いなどの利便性がいい
・オフィス用ではなく、居住用
・前オーナーが現金化したがっている

家賃収入 ➡ 毎月約80万円
ローン返済　毎月30万円

固定資産税、諸経費を引いても
年間で約500万円の収益に！

SPECIAL INTERVIEW

「株式投資」か、「不動産投資」か、
サラリーマンの戦略とは

アパート2棟大家　Z氏

「普通のサラリーマンが経済的成功をつかむには、株よりも不動産でしょう」

　Z氏ははっきりと断言します。Z氏は某大企業の部長職にありますが、その一方で2棟のアパートを所有する大家でもあります。この2棟からの家賃収入は、毎年700万円近くに達するといいます。

―― なぜ株式ではなく、不動産投資を始めたのですか？

株はなんだかんだいっても浮き沈みが激しい。最後まで勝ち続けていられる人はひと握り。手痛くやられてしまうこともある。資産家なら、やられてもやり返すことができますが、サラリーパーソンでは1回の失敗が致命傷になってしまうこともあります。そう考えると、やはり不動産なんですよ。みなさん誤解していますが、不動産経営は株やFXに比べるとはるかに安全で安定していますよ。

―― 印象的には、不動産投資のほうが、危険なかおりがしますが。

それはバブル崩壊で地価が暴落したときのイメージが強いのでしょう。不動産を転売して利益を得るのは厳しいですが、賃貸用物件を取得して家賃で利益を取るインカムゲインなら、リスクは高くありません。

―― でも、株式投資に比べると投資資金が大きくなります。それだけの資金を用意できる人は限られてしまうのでは？

もちろん、ある程度の自己資金は必要ですが、担保評価の高い物件を取得するときには銀行から融資を受けることもできます。株をやるのに銀行はお金を貸してくれませんが、不動産を買うなら貸してくれるんですよ。

——不動産投資のコツは何でしょうか?

できる限り高利回りの物件を取得することですね。できれば利回り15～20%以上の物件がいいと思います。そういう物件が見つかるまで妥協せずに不動産屋を歩き続けるべきでしょう。私が最初に取得した物件は、はじめ5000万円の値がついていましたが、売れずに4000万円台になり、3500万円になったところで値下げ交渉を行いました。その結果、3200万円まで下げることに成功したんです。家賃収入は変わりませんから、利回りはかなりのものになりました。そのため、銀行の融資もすんなり下りたんです。

——不動産経営に乗り出すサラリーパーソンが増えているようですね?

実はもう1棟買って、セミリタイアしようと思っています。うちの会社もかなり厳しくてね、近々早期退職者を募集するんです。それに応募しようかと思っています。そうしたら、割増退職金を自己資金としても1棟買えますしね。

　年収減少が止まらないこの時代、会社は一生面倒見てくれる存在ではなくなりました。自分たちの生活を守るのは自分たちしかいません。安定した収入を確保する方法として、不動産投資も重要な選択肢のひとつといえます。

PART Ⅲ
お金持ちの「資産運用」の習慣のポイント

CHAPTER 7（p98〜）
なぜ、お金の稼ぎ方より使い方が大事か
―「消費」の美学―

- 1000万円の大金を使った経験が「お金を使うスキル」を急成長させる
- モノを見定める鑑識眼は、1000円と2000円の差では身につかない
- 100円の浪費をする人は、積もり積もって100万円を浪費する
- 不必要にお金を使わない倹約家。必要なところにお金を出さないケチ

CHAPTER 8（p110〜）
どうして、お金から自由になれないか
―「資産の価値観」をリセット―

- 働いてお金を稼ぐことは大事。資産を有効活用することも大事
- 資産運用は、人生をかけたギャンブルではなく、余裕資金で始めること
- 「損切り」「中長期投資」「分散投資」……、投資の大原則は確実に守る

CHAPTER 9（p120〜）
どうすれば、投資に成功できるのか
―お金持ちの「投資戦略」―

- 不労所得で稼ぎたいなら元手が多いほど、安定する
- 投資は、これからの人生で年齢が若い“今”から始めておきたい
- 「儲けたい」投資初心者ほど、まずはコツコツ地道に
- 一日単位で売り買いする株式投資家ほど、稼げていない
- 名の知れた大型株か、誰も見ていない小型株か。後者をチェック！
- 不動産投資で、年間で稼げるしくみを開拓しよう

PART

お金持ちの「人間関係」の習慣

人はひとりだけの力で成功するわけではありません。たくさんの人に支えられ、協力してもらうことで目的を達成することができるのです。だから、お金持ちは人間関係を大切にしています。人を見る目を養っています。彼らがどうやって人脈を築き、応援してもらってきたのか。お金持ちの人づきあいを学んで、あなたをもう一段上のランクへ引き上げてくれる「特別な人」を見つけてみませんか。

どこに、成功に導いてくれる人がいるか
―間違えてはいけない「人脈」の大原則―

057 「知り合い」と「人脈」、勘違いしてはいけない、その区別

「異業種交流会や勉強会などに積極的に参加して、人脈を広げよ」という
ハウツー通りに多くのビジネスパーソンは、参加した会で名刺を交換し、
人脈を広げようとしています。

　ここで疑問です。それで本当に成功につながるのでしょうか。異業種交
流会や勉強会が役に立った話は、あまり聞きません。ただ知り合いが増え
ただけという人が圧倒的です。

　ビジネス塾を主宰し、数多くの起業家を育てているB氏は、**「異業種交
流会や勉強会に過度な期待は抱かないほうがいい」**といいます。

　名刺をいくらたくさん集めても、それは人脈とは呼べません。**人脈とは、
もっと情を通わせた付き合いから生まれるもので、たかだか一、二度同席
してできるものではないからです。**

　あるIT系の起業家も、パーティーや宴会のたぐいには極力出ないよう
にしているそうです。でも、ときにはどうしても断れない場合も……。

**「いつも誘いをお断りするばかりじゃ、相手の顔が立たないんでね。とき
には顔を出しますが、乾杯して知り合いに挨拶したら、そそくさと退席し
ますよ。きちんと業績を伸ばしている会社の経営者は、みんなそんなもの
です。第一、そんなことに費やす時間ありませんからね」**

　彼は、こうしたパーティーや宴会で知り合った人は逆に警戒するといい

ます。一度会っただけなのに突然電話をかけてきて、自分勝手な頼み事を
してくることがよくあるからです。あえて敵は作りたくないし、断るのに
苦労すると思うようです。異業種交流会やパーティーでは、知り合いはで
きても人脈はできない、勘違いしてはいけないポイントです。

心に火をつける成功者の金言

私の習慣は何だろうと改めて考えてみると、
何かを「する」のではなく、
「しない」ことを決めることかもしれません

星野リゾート社長　星野佳路

▶出会いは大切ですが、付き合うかどうかは考える必要ありです [P148] へ

『ユダヤ人大富豪の教え』
本田健（大和書房）

起業を目指す20歳の学生が、アメリカ滞在中にとん
でもない大富豪に出会い、「幸せに成功するための
秘訣」を教わるという物語。対話形式なので、非常
にわかりやすく、またエピソードも面白いので100
万部を超える大ベストセラーとなったのもうなずけ
ます。本書では17の秘訣が紹介されていますが、な
かでも「自分らしく生きる」ことがもっとも大切だと
述べられています。たとえば、好きなことを仕事に
している人と、嫌いなことを仕事にしている人では、

報酬の意味合いがまったく違ってくる。好きな人にとって報酬は「大好きな
ことをして、人を喜ばせようとした」ことに対するご褒美でありがたいもの。
しかし、嫌いな仕事をやっている人にとっては、報酬は慰謝料みたいなもの
だから、すぐにくだらないことに使ってしまうというのです。成功とは何か、
幸せとは何かを考えるために、一度は目を通しておきたい成功本の一冊です。

058　名刺を交換した後にすべき "たったひとつ" のこと

「本当に人脈といえる人は、多くありません。2、3人といったところで
しょうか。彼らの相談や頼み事なら、どんなことがあっても協力しますし、
彼らも同様に私を受け入れてくれるでしょう。本当の人脈とはそういうも
のです。関係を築き上げるにはじっくり時間をかけて、裸の付き合いをし
なければなりません」

と、某IT社長はいいます。

　何かあったときに、一も二もなく駆けつけてくれる人間が本当の友人で
あるように、腹を割って胸の内をさらけ出せる人間が本当の人脈というも
のでしょう。

　もちろん、親友が一朝一夕でできないように、真の人脈もそう簡単には
できません。名刺交換しただけで、人脈をつくろうとすること自体、虫の
いい話です。

　とはいっても、やはりビジネスパーソンのご縁は名刺交換から始まるの
も事実。では、そこから人脈を築いていける人は、いったい何が違うのか。

　ヒントは、名刺交換後にあります。人脈を築くのが上手な人は必ずとい
っていいほど、24時間以内に相手にコンタクトを取っています。

　一番多いのはメールでお礼状を出すパターン。丁寧な人になると、手書
きでハガキをしたためることもあります。たしかに、パーティーなどでた
くさんの人と名刺交換をしても、相手の印象はそれほど残っていないもの
です。けれど名刺交換後に相手からお礼の連絡が来ると、その人のことは
強く印象に残ります。

　もらった名刺をすぐに名刺フォルダにしまってはいけません。しまう前
に、メールで今日のお礼を送ってみましょう。

回り道が近道のことがある。それが人生だ

三菱総合研究所元会長　牧野昇

人との距離の縮め方とは？　▶口説き上手がチャンスをつかみます ［027］ へ

返信が着た、どうすればいい？　▶［030］ を読んだら即返信しましょう

お金持ちになるヒント

相手の心をつかむメール術４選

会話よりもメールが主流の時代、機械的なメール文では人の心はつかめません。グッと距離を縮める方法を紹介します。

◇具体的に３つほめる

相手の行動をよく観察し、３つほどほめることで相手に積極性をアピール。たとえば「私が左利きをご存じ頂き、お茶をお渡し頂く際に左側に置いてくださいました」「打ち合わせに必要な資料をすっと渡して頂き…」「くしゃみをした瞬間にエアコンを調整して頂き…」など。

◇プライベート面でも喜ぶネタを探す

相手のツイッターやブログ、フェイスブックなどを目を通しておき、趣味や好きな食べ物、旅行の話などの話題を織り交ぜる。

◇自分にできることをする

たとえば、相手が講演が近かったり、商品を発売していた場合は、

- 友人に講演の案内を送って集客を手伝ったり、実際に購入したことを述べる。
- 講演の案内や商品の好印象のコメントを送る。

◇意外なほど喜ばれる「フィードバック」

話した内容や教えてもらったことを実践し、その結果を報告する。

059 「愚痴を言い合う環境」が、何をもたらすか

　多くの成功者は、「**成功はひとりではできない。どれだけほかの人の協力が得られるか。それが結果を左右する**」と述べています。

　「協力者」「人脈」「パートナー」……、いろいろ言い方がありますが、成功のカギを握る人間と出会い、援助を受けることが、成功への近道であることは間違いないことでしょう。

　成功のキーパーソンを得るために多くの成功者が実践してきたのは、いたってシンプルな方法──成功者たちのなかに身を置くことです。

　居酒屋で、会社や上司の悪口を言い合う同僚たちの輪のなかにいたのでは、成功を望むことはできません。「こんな会社はダメだ」「課長は何もわかっていない」などと愚痴が飛び交う環境のなかにいれば、無意識のうちに自分もその思考パターンに染まり、仕事やビジネスに対するモチベーションを低下していくことになります。

　成功者は愚痴やマイナス思考が、行動の足を引っ張ることを知っているため、そのようなことは極力、言葉にしません。それよりも、明日は何ができるか、どんないいことがあるかなど、常に楽しいことを考え、言葉にしています。そんな成功者たちが集まる環境に身を置いていると、自然とポジティブな思考パターンに染まっていき、行動が積極的になっていきます。しかし、成功者の輪のなかに入り込むことは、容易なことではないでしょう。そのため、心から成功したいと望む人は、成功者とお近づきになるためにさまざまな工夫をこらしているのです。

心に火をつける成功者の金言

不平不満は出世の行きづまり

東武グループ創業者　根津嘉一郎

「愚痴を言い合う環境」と「成功者の環境」

「この会社の悪いところはさ〜」「○○だから、何をやってもうまくいかないよね」「社会というか、業界がダメだから、もうしょうがない」

「ここを良くするとこの会社はもっと伸びる」「なぜ、失敗したか原因がわかれば次は上手くいくな」「世の中、変えられるかもしれない」

愚痴は悪いこと？　▶愚痴のトリセツはこちら［086］へ

▶愚痴をいう人は、行動できない人と似ている？［P32］へ

お金持ちの課題図書

『仕事は楽しいかね？』
デイル・ドーテン（きこ書房）

何冊も成功本を読んで「たしかに、その通り」と思うのだけれど、ふと今の自分と見比べてみると何をしていいのかわからない、結局何もならないなどと自己嫌悪に落ち入っていませんか？　全編を通して訴えているのは、「明日は今日と違う自分になる」ということ。日常を変えるさまざまなことにチャレンジし続けることが、生活習慣を変え、考え方を変え、そして結果を変えていくという主張です。「遊び感覚でやって成り行きを見守る」というように、とにかく何かをやってみよう。そんな気にさせてくれる一冊です。

060 バカにしてはならない、 成功者の輪に入り込む努力

どうやって成功者に近づくか。

世界的に有名なコンサルティング会社の創立者は、取引したいと願う大企業の社長に近づくために、その社長の自宅の隣に引っ越しました。そこまでやって親しくなるきっかけを作り、以後の取引へと発展させたのです。そのように実際、成功した人はいろいろなことをやっています。

「子供をお金持ちが通う私立の小学校に入れました」というのは、IT ビジネスの会社を起業した若き経営者。彼は、保護者会で知り合った投資家に出資してもらって現在のビジネスを立ち上げたと語ります。

「私の場合は、ヨットクラブに入りました」とは、レストランの多店舗経営者。若い起業家のたまり場で受けたアドバイスはかなり役立っているといい、現在の成功の基盤を築いたのはヨットクラブだといいます。

このように、趣味の分野から入るのもひとつの手です。富裕層が好む趣味（要するにお金がかかる）のクラブに入り、知己を広げていくのです。

成功者や富裕者は、彼らだけに流通する独自のネットワーク情報を持っています。有利な条件の不動産物件や投資の情報、新規に顧客になってもらえそうな人の情報など、その輪のなかにいなければ絶対に知り得ることができない情報が流通しているのです。そうした情報の一端に触れるだけでも、成功者たちのサークルに入る価値はあるはずです。**成功した人はみな、成功のキーパーソンを求めて戦略的に行動しているのです。**

心に火をつける成功者の金言

逃げない人を、人は助ける

パーソナルホールディングス取締役会長　篠原欣子

成功者への輪は、自ら進まなければ入れない

他に成功者の輪に入る方法は？ ▶クルマを買って人生変わった話 [007] へ

お金持ちになるヒント

お金持ちが多いのは、何県？

お金持ちはどこに住んでいるのでしょうか？ 都道府県別に平均年収を
見てみましょう。

都道府県別年収ベスト5

1	東京都	408万円
2	神奈川県	377万円
3	大阪府	362万円
4	愛知県	360万円
5	兵庫県	339万円

（厚生労働省「賃金構造基本統計調査」令和元年）

見事に大都市圏が並んでいますね。都会ほど平均年収が高いという結果
になっています。ただし、年収が高い分、物価も高く、暮らしやすさや
貯金のしやすさはまた別だということは覚えておいてください。

CHAPTER 10 どこに、成功に導いてくれる人がいるか

061 成功者は、もれなく持っている 精神的支柱「メンター」

成功には「メンター」を持つことが重要だと、多くの成功者やお金持ち が述べています。メンターとは、ギリシャ神話に登場する賢者メントール が語源といわれ、「良き助言者」と訳されます。成功本では、苦境に立た されたり、迷ったりしたときに相談に乗って適切なアドバイスや示唆を与 え、導いてくれる師というような意味で使われることが多いようです。

メンターは、仕事やキャリアのお手本であり、常に自分の味方。メンタ ーがなければ、今の自分はなかったと言い切る成功者がどれほど多いこと でしょうか。もはや成功本の定番となった感のある本田健氏の『ユダヤ人 大富豪の教え』（大和書房）は、ひょんなことから知り合ったユダヤ人の 大富豪に幸せなお金持ちになる秘訣を教えてもらう物語です。まさにこの ユダヤ人大富豪こそメンターの象徴的存在、メンター・オブ・メンターで あるといっていいでしょう。これほど直接的に成功の秘訣を教えてくれる メンターがいれば、たしかに成功間違いなしといえそうですが、現実はそ うそう甘くありません。多くの人にとっては、ユダヤ人大富豪と知り合う ことすらままならないでしょう。

しかし、ユダヤ人大富豪とまではいかなくても、精神的支えとなってく れるメンターなら、それほどハードルは高くありません。周りをよく見渡 してみれば、きっとあなたのメンターがいるはずです。

心に火をつける成功者の金言

あなたの手にあり、他人が欲している商品を安く売るのは、 ビジネスではない。あなたの手になく、しかも他人が欲して いないものを売るのがビジネスだ

ユダヤの格言

お金持ちになるヒント

ユダヤに受け継がれる成功法則６選

ユダヤ人は金融業で成功を収めるなど、豊かな実業家が数多くいます。そんなユダヤの人々の間で密かに受け継がれている成功のルールがあります。迫害を乗り越えて富を蓄えてきた彼らの格言に耳を傾けてみましょう。

◇話すな、聞け

賢い人は質問をして、愚かな人は自分のしたい話をします。成功したいなら、自分が話をする２倍は人の話を聞きましょう。

◇見るな、観察せよ

人を見た目で判断してはいけません。その人が何を考え、どんな知恵を持っているか見極めることが大切です。

◇不幸を悲しむのは、不幸が起こってからでも遅くはない

起こってもいないことを怖れてはいけません。何も行動しないことを、もっとも怖れるべきです。

◇明日やる仕事を今日やり、今日食べるものを明日食べる

楽しいことは後回しにして、今やれることをやれるだけやっておくことが重要です。

◇もし貧しくて物を売らなければならないとしたら、まず金、宝石、家、土地を売りなさい。最後まで売ってはいけないのは本である

本こそ賢者の知恵を吸収できる大切な武器となります。

◇金は道具である。道具に支配される者はいない。だから、道具はできるだけ多く持っていたほうがいい

お金を持つことで、お金の支配からはじめて自由になることができます。

062 自分に合ったメンターの探し方

「メンター」にふさわしいのはどういう人物なのでしょうか。

「メンターは、信頼できる人物でなければいけません」

というのは、輸入中古車販売の会社を興して成功を収めた人物です。

彼の場合、メンターとして事あるごとに相談に乗ってもらっていたのは、会社員時代に部長を務めていた人物でした。とても頭が切れるが、それをひけらかさず、部下に対しても偉そうな態度を取らない人だったそうです。そんな人間的な懐の深さに参ってしまったのです。

「私は女性経営者として大活躍されているOさんを、勝手に自分のメンターにしています。一度もお会いしたことはないんですけどね」

女性ばかりのプランニング会社を設立したEさんはそう話してくれました。経営者としての大先輩Oさんはあこがれの存在。マスコミにもよく登場し、世間的な注目度も高い女性です。Oさんの著作はすべて読み、雑誌等の対談やインタビューにもすべて目を通してきました。ブログも欠かさず読み、**何か問題が起きたときは、Oさんならどうするだろう、どう考えるだろう、どんな行動を取るだろうと考えます。Oさんの思考パターンになり切って、彼女が決断を下すところをイメージするのです。**

このようなメンターの持ち方もあるということです。さて、あなたのお手本やモデルケースにしたい人物は誰でしょうか？

心に火をつける成功者の金言

「いわれたことを、いわれたとおりにやればいい」時代は、もうとっくに終わっている

経営コンサルタント　小笹芳央

自分に合うって大事？　▶ぴったりのメンターを持った人のお話［015］へ

063　人の本性は、外見には表れない

ディズニーアニメで有名な『美女と野獣』、獣に変えられた王子が美しい娘の愛の力によって本来の姿を取り戻す物語。この話のポイントは「外見だけで判断せず、その内側に潜む本質を見抜くこと」にあります。**その内側を見極める――それは、成功にも大いに関係あることです。**

アメリカ在住で、若くしてミリオネアになったO夫人も、内側に潜む本質に賭けたことでお金持ちへの道を歩み始めました。O夫人は、得意の英語力を活かし、同時通訳の資格を取って、海外出張のビジネスパーソンなどの通訳をしていました。あるとき、一人の経営者からアメリカ出張の際の同時通訳を依頼されました。ところが、その経営者は起業したばかりで、通訳の費用どころか、飛行機代もホテル代もないといいます。まったくお金がない状態で仕事を依頼してきたのです。

普通ならお断りするところですが、彼女はこの経営者と何度か話をするうちに、直感的にこの人は信用できると感じたといいます。

「何が、といわれると困るのですが、今はお金がなくとも、この人の情熱は本物だと感じました。だから、損を覚悟で依頼を受けることにしたんです」

通訳費用は後払い、出張費用の立て替えも出世払いで、O夫人はこの仕事をこなしました。何度か同じ条件で仕事をしていると、この経営者はあっという間に大成功を収め、資産家になっていきました。その過程でギャラや立て替えた必要経費を支払われたのはいうまでもありません。

さらに、この経営者は金融・投資のプロフェッショナル。彼女は金融の仕組みやお金の動かし方のレクチャーを受け、アドバイス通りに投資をしていくと、お金が雪だるま式に増えていったのです。人を見る力が思わぬ金脈を掘り当てる。それは、どんな分野にも通じます。人の本当の力を見抜けたら、外見に騙されずに最良のパートナーを見つけられるでしょう。

SPECIAL INTERVIEW

人脈の本質は、「誰と付き合うか」よりも 「誰と付き合わないか」

第一線を退いた老経営者　Ｎ氏

　すでに経営の第一線を退いていますが、Ｎ氏は経営危機に陥った企業をいくつも再生してきた名経営者です。聡明で合理的思考の持ち主と評判ですが、経営について聞くと意外にも「運」の話を持ち出しました。その真意はどこにあるのでしょうか？

――運というものを信じますか？

ええ、多少は信じていますけど……。成功するには、運も味方につけなければいけないといわれていますし。

――じゃあ、運を味方にするにはどんなことをすればいいと思いますか？

運の強い人と付き合うようにします。たしかに運の強い人と一緒にいれば、その人の強運に影響されることもあるでしょう。でも、それはしょせん他人の運のおこぼれにあずかるにすぎない。

――じゃあ、どうすれば？

長い間、経営の現場にいて思うのは、大切なのは、誰と付き合うかではなく、誰と付き合わないか、ということです。要するに、運の悪い人、ツキのない人と付き合うなということですよ。

——強運の人と付き合うのと、何が違うんですか？

人の強運に引っ張られることもありますが、本来、運は自分につかなければ意味がありません。おこぼれは一時的なものですから。もっといえば、運というのは主観的なものです。後続車に派手に追突されたとき、「大きなケガをしなくてすんだ。ツイている」と思えば運がいい。しかし、「追突なんかされて、なんてツイていないんだ」と思えば、運が悪いことになる。簡単にいえば、物事をポジティブに捉える人は運がよく、ネガティブに捉える人は運が悪いということです。運の良し悪しは自分の気持ちひとつということですね。

——自分次第ということですか？

ええ、そうです。ただし、運の悪さは伝染します。強運が他人に影響を及ぼすように、悪運も他人に影響する。そのダメージは、想像以上に大きい。

——それはちょっと怖いですね。

だから、経営者はよく人を見るんです。運のいい人を選別するためではなく、運気の悪い人に近づかないために。それだけでも成功への近道になりますよ。

　かつて、得体のしれないジャーナリストの情報を鵜呑みにして政治生命を失ってしまった政治家がいました。悪評高い男と結婚して芸能界の人気ポジションを失ってしまった女優もいました。運やツキのない人に近づくと、それまで積み上げていたものが、一瞬にして崩れ去ってしまうこともあるのです。

CHAPTER 11

どんな、
家庭環境がお金持ちを育むのか
—一生の財産になる「親と子」の言葉—

064
世界一身近な教科書
「親の働き方」を、どう感じ取るか

　ITビジネスの会社を経営するB氏は、新興市場への上場を果たし、創業者利益で数十億円の資産を手にしました。

　「資産の大半が自社株ですから、あってないようなものですけど」とB氏。成功のきっかけを聞いてみると、子供の頃の話をしてくれました。

　「僕の父親はある企業に勤めていて、若くして役員になりました。かなりの年収だったと思います。けっこう広い家で、外車に乗っていましたから。でも、父親はできすぎた人だったんでしょう。しばらくすると、社長と意見が合わず、対立するようになってしまいました。父親への追い落としはすさまじいものだったと、あとで聞きました。実際、この頃の父親は酒の量が増え、母親とも喧嘩しがちになり、家はギスギスした雰囲気でした。かなりストレスを溜め込んでいたのでしょう。結局、父親は会社を辞めました」

　エリートから一転して無職。父親はしばらく何も手がつかず、ボーッとしていましたが、1年後に別の業種の会社に再就職しました。しかし、以前のような切れ者の父親ではなかったといいます。前の会社でのトラブルがこたえたのでしょう。無難に生きるようになってしまったのです。

　「そんな父親の姿を見て、会社員として働くより、自分で会社を興したいと、小さい頃から考えていたと思います」

　B氏は父親の背中を見て、早い段階から起業することを心に決めていま

した。そういう意味では、父親に感謝しているといいます。

「父親の苦労を見ていなかったら、起業はありえなかったと思います。だから、僕の起業を後押ししてくれたのは間違いなく父親です」

　親が子供に伝えなければならないこと——それは言葉によるものとは限りません。**子供は親の背中を見て、何かを感じ取り、自分自身の夢や生き方を形作っていきます。それがどんな形になろうとも、親は誠実に背中を見せ続けなければいけない**ということでしょう。

心に火をつける成功者の金言

絶対に出世が出来ない人間には二種類ある。
一つは言われたことが出来ない人。
もう一つは言われたことしか出来ない人だ

カーネギー鉄鋼創業者　アンドリュー・カーネギー

▶子供の頃の記憶は強い味方になります [079 & 080] へ

お金持ちの課題図書

『ビジネスマンの父より息子への30通の手紙』
キングスレイ・ウォード（新潮社）

ビジネスマンとして成功した父親が、これだけはぜひ息子に伝えておきたいことを書いた30通の手紙。試験、実社会への出発、人間関係、ストレス、幸福、友情、お金、成功哲学など、これから必ず突き当たるであろう事柄について、父親がその経験をもとに語りかけます。それは誰もが自分の身に置き換えることができる身近な問題なので、まるで自分に向けて父親が諭してくれるような感覚になります。心温まると同時に、成功の厳しさが伝わってくる一冊です。

065

貧富の差よりも大切な「自己肯定感を育む環境」

一代で財を成した人たちは、どんな育ち方をしてきたのでしょうか？

極貧の家庭で子供時代を過ごし、その屈辱感をバネにして這い上がってきた。そんなイメージが湧いてきますが、**「まったく逆ですね」**と経営評論家のR氏はにべもなく否定しました。

「貧しいなかから這い上がってきた人は注目を集めやすいので、マスコミもそういう人物ばかりを取り上げますが、実際にお金持ちになった人を調べてみると、多くは中流階級以上、そして両親の離婚もなく、安定した家庭環境で育っています」

逆境をモチベーションにした人たちが成功を手にするのとは別に、恵まれた家庭環境で育った人が財を成していくのはどうしてでしょう？

「おそらく、夫婦仲がよく安定した家庭環境を築いている人のほうが思慮深く、子供にとって何が大切なのかを考える心の余裕を持っているからではないでしょうか」とR氏。

さらに、もうひとつ特徴があるといいます。それは、両親が子供に対して常に肯定的な言動をしているという点です。たとえば、子供が数学のテストでひどい点を取ったとき、親はどういう態度を取るでしょうか。たいていの親は、「こんな点数じゃ、いいところには行けないぞ」「ちゃんと勉強しないから、こんな点数を取るんだ」と叱ることでしょう。

ところが、経済的に成功した者の親は、むやみに叱りつけたりしないのです。合理的に物事を考えるお金持ちは、ただ叱ることが成績向上につながらないことを知っているからです。

よくない環境で育ったのですが ▶過去がすべてではありません [005] へ

066 親の「この言葉」「この習慣」が、稼ぐ能力を引き出す

　家具の輸入販売で大成功を収めたＴ氏の親は、成績が悪くても叱らなかったといいます。

「うちの親は、テストで悪い点を取ってきても、『時間がなくて焦ったんだろう。もう一度じっくり問題を解いてみよう』といって復習させたり、『お父さんも数学は苦手だった。だけど、あとで必ず役に立つと思って必死に勉強したぞ。だから、もう少しがんばってごらん』というように、前向きになれる言葉をかけてくれました。今から思うと、その姿勢は私の人格形成に大きな影響を与えていると思います」

　両親の前向きな言葉がどのような効果をもたらすのでしょうか？

　経営評論家のＲ氏は**「ある種の精神的な強さを養うことにつながる」**と述べます。たとえば、どれだけ素晴らしい企画書や事業提案書を上司や取引先に提示しても、受け取られないことはよくあります。そのたびにショックを受けてモチベーションを下げていたのでは、何も達成できないでしょう。

　ポジティブな言葉を投げかけられてきた人は、そこが違います。

ダメだと言下に否定されることがあっても、「よし、次こそがんばろう」「もっといいものを作り上げよう」という思考になりやすいのです。

　両親が常に肯定的に見てくれたので、自分もその気になりやすい。それは勘違いの場合もありますが、ときとして「勘違いも行動の原動力」になります。だから、どんなときでも精神的にタフでいられるのです。

　子供の経済的な成功を願っている親は、子供に対してどう接しているかを今一度点検してみたほうがいいかもしれません。

CHAPTER 11 どんな、家庭環境がお金持ちを育むのか

153

067 頭でっかちな人ほど
「リスクも卓上の空論」だと知らない

「子供の頃から勉強嫌いで成績も惨憺たるもの。そんなオレが成功して金
持ちなんてムリな相談さ」。「金持ち養成講座」を主宰するＮ氏は、この手
のネガティブな意見に対してはことのほか手厳しく接します。

**「成功できないのは、学歴がないからでも、成績が悪いからでもない。お
金持ちになりたいという強い欲求とそれを実現させる努力と継続する根性
がないからだ。学歴のせいにするヤツに限って、根性なしだからな」**

　Ｎ氏によれば、お金持ちになるために学歴はそれほど重要ではないよう
です。大事なのは努力を続ける根気と意志。頭でっかちな人は、お金持ち
になりにくいとＮ氏は断言します。それはなぜか？

　そういう人間は一度組織に入ると、独立したいと思ってもなかなか実行
に踏み切れません。リスクだの実現可能性だのといろいろと考えてしまい、
行動が鈍るからです。しかし、**リスクは、しょせんは机上の空論。成功す
るかしないかはやってみなければわかりません。成功者に共通しているの
は、「何でもすぐに行動する実行力」**。なのに、頭でっかちな人間はその実
行力が萎えてしまうのです。

　実際、いろいろな統計調査でも、親から資産を受け継いだ者を除くと、
学校の成績と資産の形成にはそれほど強い因果関係は認められないという
結果が出ています。肝心なのは、どれくらい頭がいいかではなく、どうい
うふうに頭を使うか、ということ。それは学校では教えてくれない、世の
中をしたたかに「生き抜く力」です。

心に火をつける成功者の金言

卒業証書を捨てよ

出光興産創業者　出光佐三

リスクは即対処、しなければならない理由

思いつくリスクは即対処頭であれこれ考えてばかりいると、リスクに押しつぶされて、結局、何もしないことに

リスクを考えるのは悪いこと？ ▶ いいことですが、即対処が必要 [019] へ

▶ リスクがあっても行動した人の話 [001] へ

お金持ちの課題図書

『7つの習慣』
スティーブン・R・コヴィー（キングベアー出版）

アメリカ建国200年のなかで成功に関するあらゆる文献を調べ、成功した人々の特性や習慣を体系化した本書は、カーネギーの『人を動かす』と並んで、日本でもっとも読まれている海外のビジネス書といわれています。本書では、優れた人格を持つことが、成功と幸福をもたらすと述べられています。そして、人格を形成するものは、日常の行動の繰り返しである「習慣」であり、習慣を変えることで人格を変え、人生を変えることができると説いています。人は誰でも、成果を上げたい、評価されたい、感謝されたい、といった願いを抱くものです。継続的にこうした成功を得るための原理・原則を「7つの習慣」で示してくれます。

155

SPECIAL INTERVIEW

人から軽く見られている、
そのとき何をするか

ビジネスホテル経営　S氏

　父親が偉大な経営者であるほど、息子にかかるプレッシャーは大きいものです。周囲は父親のような名経営者ぶりを期待する一方、「しょせん金持ちのボン」とバカにした目で見てきます。さる中堅都市でビジネスホテルを経営するS氏も、父親から家業を引き継いだ二代目経営者です。彼は、父親とは違う自分の経営方法を模索し、家業を発展させてきました。

―― Sさんのお父さんは一代でビジネスホテル業を興し、その都市最大の部屋数を誇るまで成長させたそうですね。跡継ぎになることは最初から決まっていたのですか？

そうですね。大学卒業後は、都心のホテルで数年修業し、その後、父の仕事を専務として手伝い始めました。しかし、誰も私を専務として見ていない。旧態依然としたやり方を見直す改善案を提案しても、「都心のホテルとは違いますよ」「うちではそれは無理ですよ」と聞き入れてもらえない。父も耳を貸してくれませんでした。

―― 一代で事業をなした人ですから、自分に自信があるんでしょうね。

そうなんです。父は自信家で、私にはそれが乗り越えられない壁でした。誰かに「父親とは比べものにならない」といわれると、真っ赤になって否定してしまいましたし、父親コンプレックスが強かったんでしょうね。

——転機はどこにあったんですか？

大学の恩師に相談したら、「父親の苦手な分野で勝負してみたらどうか」とアドバイスされました。それで、ITや情報を徹底的に勉強したんです。

——何をしたんですか？

まず訪問者の多いサイトを研究し、とにかく多くの人に見てもらえるサイト作りをしました。そして、評判のレストランや施設などを紹介して、宿泊客に情報を伝える。要望を予約時に書き込んでもらい、できる限り対応するなど、サイトを通じたコミュニケーション作りを図ったんです。

——今ではみんなやっていることですが、当時はまだサイト情報を充実するのは珍しかったんですね？

そうですね。また、韓国や中国からのお客さんも増えていましたので、韓国語や中国語を学び、ハングル版や中国語版のサイトも作りました。

——その結果、宿泊客が増え、稼働率も上がっていった、と。

ええ、私のやったことが数字に表れるに従い、周囲の態度も変わってきました。「これ、どうしたらいいでしょう？」と私に相談にくる従業員も増えました。父も、私の意見に「そう思うならやってみろ」といってくれるようになりましたし、私に社長の座を譲り、自分は半隠居しました。

　父親に認めてもらうために、あえて父親の苦手分野で勝負する。Ｓ氏の作戦は、見事に成功したといえるでしょう。父親コンプレックスを逆に自分を鍛えるモチベーションに変えたのです。

CHAPTER 12

なぜ、他人にお金を使う人ほど、 儲けるのか

―知らないと損する「応援の循環」―

068 他人の夢を応援する人ほど、 自分の夢を叶える深い意味

「本当に成功したいと願うなら、自分の夢の実現ばかりを考えていたらダメだぞ」

「金持ち養成講座」を主宰するN氏は、口ぐせのようにそういいます。

自分の夢の実現を考えないでどうするのかと問うと、**「他人の夢の実現に協力するんだ」**という答えが返ってきました。

自分の夢がまだ実現していないのに、どうして他人の夢の実現に力を貸すことができるのか、と思うかもしれません。しかし、N氏は、**「人を幸せにすること、――そこに成功の秘訣がある」**といいました。

成功は、一人で達成できません。さまざまな人の協力があって、はじめて成し遂げられるものです。たとえば、妻や夫。成功の前には必ず雌伏の期間がありますし、厳しい現実を目にしなければならないこともあるでしょう。そのときに支えてくれるのが、パートナーです。お金がなくても文句もいわず我慢してくれたり、落ち込んでいるときに優しい言葉をかけられたりすることで、どれほど助かるか……。自分では気づかないうちに、人は他の人から夢の実現のための協力を受けているのです。

どうして、他人の夢の実現に骨を折る人は、自分の夢も成功しやすいのか？

人の為を想い尽くすことに見返りを求めるべきではありません。しかし、他人の幸せ獲得の手伝いをすれば、その人から感謝されます。そういう人

はこちらの夢実現のためにも力を貸してくれるはずです。一方、人のことなど眼中になく、**自分の成功だけに汲々としている人には誰も手を貸してくれません。手を貸してくれる人がいなければ、成功なんて夢のまた夢です。**

人は協力して物事を成し遂げる。その当たり前のことに気づけるかどうか、それが成功に大きく関わってくるというわけです。

人がどんな夢を持っているか、どういうことをされると幸せを感じるかを知ることは、成功するビジネスのネタを探すことでもあります。多くの人に幸せを与えることができれば、みんなから喜ばれ、その対価をもらえるのです。たしかに、人をハッピーにするサービスや商品の提供は、儲かるビジネスの基本です。でも、人の夢の実現への協力って、どんなことをすればいいのでしょうか？

「**相手の夢を真剣に聞くだけでもいい。頭から否定したり、バカにしたりせず、親身になって聞く。できることなら、役に立つアドバイスを二、三してあげるとなおいい。面白そうに興味を持って聞いてもらえるだけでも、うれしいものだろ？『よし、やってやろう』という気になるだろ？ それだけで十分なんだ**」とN氏。

たったこれだけのことで、相手もハッピー、自分もハッピーになるのだったら、やらない手はないと思いませんか？

心に火をつける成功者の金言

人間社会の仕事には、相手があるんです。
したがって、相手の役に立てばいいんです。
そうすれば、必ず成功する

つぼ八創業者　石井誠二

人に喜ばれる人の特徴とは？　▶口ぐせにも現れます [026] へ

応援されて成功した人の話　▶[P184] へ

069 お金持ちに、料理好きが多い のにも理由があった

「世界でもっとも稼いだ作曲家は誰だか知っているかい?」

こう尋ねてきたのは、不動産で財を成し、現在はベンチャー企業に投資するベンチャーキャピタルを運営するY氏。

彼によると、たいてい上位にランクインするのが、イタリアのオペラ作曲家ロッシーニ。ロッシーニのオペラは、19世紀前半のヨーロッパを制覇し、同時代を生きたベートーヴェンよりもはるかに人気があり、大金を稼いだそうです。そんなロッシーニは大の料理好きでもありました。たいへんな美食家で、コックの作った料理では足りず、自分で料理を作るようになりました。それは、天才料理人といわれたキャレーム(フランス料理の始祖といわれる)を絶賛させるほどのものだったといわれています。

「なぜこんなことをいうかというと、お金持ちは料理好きの人が多いんだ。ビジネスはクリエイティブなものだから、芸術家と同様に料理を好む人が多いのかもしれない」とY氏。

料理好きのお金持ちは、たしかに多いようです。ある情報誌が行った調査によると、2000万円以上の収入がある男性200人に聞いたところ、「料理を得意としている」と答えたのは実に75%、さらに「料理好きがビジネスの成功に影響している」と答えた人も50%近くに上ったといいます。

なぜお金持ちは料理好きか? 料理が成功にどう関係しているのか?

「料理は、頭のいろいろな部分を使う。構想力、段取り力、素材と素材を組み合わせる発想力——それは成功者の資質と重なる。また、いかに安く作るかというコスト感覚も、優秀な経営者にはなくてはならないものだ」

「それに」とY氏は付け加えます。**「料理がうまい人は、必ず相手においしいものを振る舞ってうれしそうな顔を見たいと思っている。成功するのも同じ。お客さんであったり、あるいは自分にとって大事な人の笑顔が見た**

いと思う人ほど、努力するし、考える。成功はその結果なのだ」

料理好きとお金持ちの共通点

どんな料理に
しようか♪
〈構想力〉

何を準備して、
どれからとりかかろうか
〈段取り力〉

あの素材と
組み合わせたら
おいしいかも
〈発想力〉

一食分いくら
になるか
〈コスト感覚〉

味濃い方が
喜ぶかな？
〈喜ばせ力〉

ビジネスも同じ！　自分一人の得ではなく、 人のことを考える気持ちがある

心に火をつける成功者の金言

墓場で一番金持ちになることは私には重要ではない。
夜眠るとき、我々は素晴らしいことをしたと言えること、
それが重要だ

アップル創業者　スティーブ・ジョブズ

▶趣味がビジネスになった話 [081] へ

お金持ちは、お金がないときから、人のために使う

引退した老経営者　J氏

　ある地方でかなり手広くビジネスを手がけていた経営者。現在は引退しましたが、彼のもとにはいまだに多くの経営者が助言を求めてやってきます。ある人がいうところによれば、彼は「聖人経営者」。それほど、周りから尊敬を集めているということでしょう。「賢くお金を使う人のところにお金は集まってくる」と老人はいいます。その真意を探ってみましょう。

──賢く使う人のところにお金が集まってくるとは？

お金がお金を呼んでくる法則を知っているかい？

──お金は寂しがり屋だから、たくさんあるところに集まってくる……というアレですか？

そういう法則もあるようだが、ワシがいいたいのはお金の使い方に関してだ。お金が寄ってくる使い方と、寄ってこない使い方があるんだ。それも大切だが、もっと大切なのはお金を人のために使うということだ。それさえわかっていれば、お金は自然とその人のもとに集まってくるんだが。

──人のために役立てるとは、ボランティア団体を設立するとか、寄付をするといったことですか？

何においても、人の役に立つかどうかを考えるんだ。これはビジネスも同

じこと。そのビジネスが困っている人の問題を解決したり、社会にとって有益な価値を提供するものであれば、人々は受け入れてくれるし、必ず商売は成功するだろう。

――たしかに、人の役に立つことなら、ビジネスとしても成功しそうですね。

個人でも同じことだよ。お金持ちになる人は、人の役に立てるためにお金を使っている。それが賢いお金の使い方で、そういうお金を使っている人のところに、お金は呼び込まれていくんだ。自分のことだけしか考えない人には、そのうち、お金が寄ってこなくなると知っているんだよ。

――そういうものですか。じゃあ、私もお金持ちになったら寄付しますよ。

そうじゃない！　お金のあるなしの問題じゃないんだ。お金持ちになる人は、お金がないときから人のためにお金を使っているよ！

――し、失礼しました！

別に若いうちから寄付をしなさいというわけじゃない。人の役に立つことや喜ぶことには、気持ちよくお金を使いなさいということ。たとえば、人のプレゼントにケチっちゃいけない。相手が喜んで受け取れるものにお金を投じるべきだ。また、友達に食事をおごるとき、予想より高くついても「友達が喜んでくれてよかった」と思うことだ。「こんなに使って損した」などと考えては、お金は寄ってこないよ。

　これはお金に対する姿勢の問題なのです。老経営者の言葉を聞きながら、彼が「聖人経営者」といわれるゆえんが、ほんのちょっとわかったような気がしました。

CHAPTER10（p136〜）
どこに、成功に導いてくれる人がいるか
―間違えてはいけない「人脈」の大原則―

- 「名刺を交換した」「顔と名前がわかる」は、人脈ではない
- 「知り合い」を「人脈」にする最初の一手は、会ったら当日にメール
- 「愚痴を言い合う環境」は、ダメな理由を探し出す、ネガティブな環境。「成功者の環境」は、上手くいく理由を探し出す、ポジティブな環境
- 自ら、求めて「成功者の環境」に進もう
- その人の外見だけでなく、その人が何を考えているか、何をしたか、何をしようとしているかで、人を見極めよう

CHAPTER11（p150〜）
どんな、家庭環境がお金持ちを育むのか
―一生の財産になる「親と子」の言葉―

- 親の働き方は、自分に大きく影響していた。捉え方を再確認しよう
- 叱られ続けた環境で育った人は、大人になった今「自己肯定感が養われなかったかもしれない」と認知するのが最初の一歩。次の一歩は、自己肯定感を再成長させる習慣を作る
- リスクは、あくまで行動する前の計算で、それがすべてではなかった。即行動、即対処で、リスクの見方が変わる可能性がある

CHAPTER12（p158〜）
なぜ、他人にお金を使う人ほど、儲けるのか
―知らないと損する「応援の循環」―

- 本来、ビジネスとは、自分の利益の追求よりも、他人の夢を応援し、幸せになる手伝いをすることが基本だった
- 「料理を振舞うのが好き」と「仕事で人を喜ばせたい」は似ている

PART

V

お金持ちの
「働き方」
習慣

お金持ちはどうやって稼いでいるのか？　儲けのネタをどこから見つけているのか？　気になりますよね。親の資産を受け継いだ人を別にすれば、彼らは自分の身の回りの物事やちょっとした経験、人とは異なるものの見方などから、鉱脈を掘り当てています。秘密は、彼らの目の付け所。視点の置き方の違いが、成功する人とできない人を分けているのです。成功者やお金持ちたちが、どんなところに着目したのか、教えてもらいましょう。

CHAPTER 13
どうして、
成功者はノートで夢を叶えるのか
―最安の投資「ノート」の使い方―

070 成功を引き寄せるのは、あやふやな「意志」に頼らない

　自分の目標や計画を紙に書き出すと、成功することができる。実に、驚くほど多くの成功者が共通して述べている「成功の秘訣」です。さまざまな形態のフードサービスを展開する、ある経営者も実践するひとり。

「夢や目標を紙に書いて常に読み返すことで思考や行動が合理的になる」

　彼は、「成功ノート」と名づけた手帳に、夢や目標をびっしりと書き込み、毎日眺めているといいます。夢や目標が常に頭の片隅にあるので、自分の行動が目標実現に役に立つか、常に考えるようになります。その結果、目標に向かう行動がより多くなっていくわけです。目標に向かう行動が多くなれば、実現可能性が増すのは当然のことでしょう。

　また、別の経営者はこのようにいっていました。

「目標達成を目で確認することで、自信がついていきますよ。私は実現した目標には赤いラインを引いているのですが、1本、2本と赤いラインが増えていくたびに、『オレはやった！』という達成感に浸ります」

　やればできるじゃないかと自信がついて、目標実現のために行動することが楽しくなっていきます。目標実現のための行動を楽しみにできれば、達成はもうすぐそこです。夢や目標を紙に書くだけで、これほどの副次的効果がもたらされるとは。書くことで損することはないのですから、とりあえず何でも書いてみてはどうでしょうか。

ただの紙が、夢や目標を実現する武器になる理由

考えていること、理想をとにかく書き出して頭の中を見える化する。すると、思わぬ自分の夢や目標が現れるので、それを1枚の紙に書いて貼っておこう。「強く思っているから書く必要ない」と思っている人ほど、朝の忙しいときや夜の疲れたときにその夢や目標を忘れていることに気がついていない。

起業する

効果1 手書きのため、より夢や目標を忘れない

効果2 初心が明確になり、行動がぶれない

効果3 何度も見返すことで、無意識に的確な行動になる

効果4 来客や友人などに見られることで、協力を得やすい

実現した紙が増えると「達成感」と「自信」を得られる！

心に火をつける成功者の金言

長い目で見れば、「努力しない天才」よりも、
「才能のない努力家」の方が多くのことを成し遂げる

イギリスの銀行家　ジョン・ラボック

071 紙に書くだけで、 「常に目標に向かう姿勢」がつくられる

　夢や目標を紙に書く——それだけで実現する可能性が高まるのは、なぜ
でしょうか？　まず、「夢や目標を忘れない」ということ。人は忘却の動
物ですから、時間の経過とともに忘れ去ってしまいます。頭のなかで考え
ることはどんどん変質していきます。だから、紙にアウトプットして「初
心」を明確にしておくことが大切なのです。

　また、紙に書いて何度も読み返すことによって、夢や目標を潜在意識の
なかに刷り込むという効果もあるでしょう。潜在意識のなかに夢や目標が
刻み込まれれば、おのずと目標を実現する行動を取るようになります。

　たとえば、「一軒家を持つ」という目標を持ち、それを潜在意識のなか
に刷り込んでおくと、日頃は何気なく読み飛ばしていた長期金利の利下げ
の新聞記事に目がとまるようになります。

　また、いつもは見ない住宅販売の折り込みチラシが目に入ってくるかも
しれません。そういう情報への気づきが、行動を起こすきっかけになりま
す。腰を上げて物件を見に行けば、もっと日当たりがいいところがいい、
駅に近いほうがいい、リビングは10畳くらいは欲しいなどと、イメージ
がより具体的になり、次への行動を呼び起こしていくことでしょう。こう
なれば、目標の実現性はかなり高まってくるといえます。

心に火をつける成功者の金言

**まず紙の上に、自分の考えを書いてみよ。
地図やシナリオは、挑戦への道しるべになる**

NEC 元会長　小林宏治

目標を達成できる人は
「紙の使い方」が違う！

　受験生が「○○大学合格」と紙に書いて壁に貼るように、目標を色紙に書いてデスクの近くに掲げる方法の他に、多くの成功者が推奨しているのは、手帳やノートに夢や目標を書くという方法があります。

　たとえば、ベストセラー『一冊の手帳で夢は必ずかなう』（かんき出版）の著者でGMOインターネット会長の熊谷正寿氏は、ひとつの手帳を「夢手帳」「行動手帳」「思考手帳」という3つの用途に使い分けているといいます。「夢手帳」には、やりたいことリストや今年の目標などを書き、「行動手帳」にはToDoリストやスケジュールなどを記入しています。「思考手帳」は、プロジェクトごとのメモや今考えていることなどを書いておきます。この手帳を常に携帯して事あるごとに読み返し、繰り返し頭に刻み込むことによって、夢や目標を実現してきたというのです。

　また、『非常識な成功法則』（フォレスト出版）の著者で人気経営コンサルタントの神田昌典氏も、目標を紙に書いて成功を収めてきた一人です。神田氏の場合は、「独立2年で、サラリーマン時代の年収10倍を実現する」「社屋・住宅を建設する」「ダイレクト・マーケッターとして日本一の地位を築く」という当時は大それたと思われる目標をノートに書いていたところ、ことごとく実現させてしまいました。

　実績のある二人の例を紹介しましたが、夢や目標を「紙に書く」ことを実践している成功者は実に多いのです。頭のなかに思い描くだけではダメで、目で見える紙に夢や目標を落とし込むことが重要なのでしょう。

▶夢を書いたら、さらに［091］の習慣で、より具体的に

CHAPTER 14

どうやったら、
一般会社員から抜け出せるか
―「肩書き」の枠を外す思考法―

073 コンプレックスを敵にし続けるか、味方に変えるか

「小さい頃、こんな生活をするとは夢にも思っていませんでした」

　そう語るのは、東京でセレブリティー向けのマナースクールを開く、女性経営者のYさん。

　Yさんは高校時代、ミスコンテストに入賞したのを機にテレビ局のレポーターになりました。その後、海外留学し、そこで語学と国際社会で通用するマナーを学び、帰国後は自らの体験をもとにしたマナースクールを始めました。話し方やテーブルマナーのほか、ファッションやパーティーメイク、ウォーキングなど、実践的な講義内容が人気で、現在では都内の一等地にオフィスを構えるほどの繁盛ぶりです。

　しかし、幼い頃のYさんは、目が悪くて分厚いレンズのメガネをかけ、体系もぽっちゃり型。性格も内気で、教室の隅にひとりでいるような子だったそうです。

　そんなYさんでしたが、中学に入るとどんどん背が伸び、高校の頃には現在の170センチとほぼ変わらない身長に。それで友達が、ミスコンに応募しないかと勧めてくれました。

「コンプレックスを持っていた私は、とても無理と思いましたが、応募するだけならいいかと、とりあえず書類を出したんです」

　予想に反し、書類審査を通過、思い切ってメガネもコンタクトに替え、

会場へ。すると、見事入賞を果たしたのです。

　その後、芸能事務所に所属し、テレビのレポーターとして活躍しましたが、**「こんな私はすぐ飽きられる」**と思い、**「自信を持てる何かを身につけたい」**と、思い切って海外留学。語学留学ではなく、国際的に通用するマナーを学ぶため、世界各地から女性たちが集まってくる、セレブ向けのフィニッシングスクールに通いました。

　帰国後、Ｙさんはマナースクールを始めます。国際的なマナーを知らないと苦労するシーンが実は少なくありません。海外に出たときに物怖じしたり、失敗したりしないようにと国際的マナーを教える学校を作り、成功したのです。

　Ｙさんは、自分のコンプレックスをバネに成功をつかんだといえます。**「コンプレックスだけじゃダメ。人から評価される何かを持つことが大切です」**

　「自分はダメじゃない」と思える出来事があれば、それはがんばるためのエネルギーになります。穏やかにほほえみながら、Ｙさんは力強く語りました。

心に火をつける成功者の金言

事業の成功に奇跡はない。
永遠の成功は自分を信じることだ

アメリカの実業家　ジョン・ロックフェラー

▶父親からのコンプレックスを味方にした人の話［P156］へ

自分には何もない…　▶持てる力で切り替えた人の話［033］へ

▶自分を変えられる人は、業界をも変える力を秘めています［028］へ

074 「肩書きを変える」ビジネス拡大の 強力なきっかけ

　親から譲り受けた小さな居酒屋を経営するTさんは、それなりの売り上げを上げていましたが、さらなる飛躍を求めて「金持ち養成講座」のN氏を訪ねました。ビジネスを大きくするアドバイスをお願いしたのです。

　結論からいうと、N氏のアドバイスによってTさんのビジネスは大きく発展し、成功者になりました。N氏は、どんなアドバイスを送ったのでしょうか？

　それは**「セルフイメージの変更だ」**とN氏はいいます。「セルフイメージの変更」とは、読んで字のごとく自分自身に対して持っているイメージを変えることです。たとえば、Tさんが自分に抱いているイメージは「居酒屋の経営者」というものでしょう。

　しかし、自分を「居酒屋の経営者」と思っていたら、発想は「どうやったら店の売り上げを伸ばすことができるか」「リピーターを増やすにはどうすればいいか」といったものになります。それでは数千万円の売り上げまではいくかもしれませんが、10億円の売り上げのビジネスにはなりません。**「そこでセルフイメージの変更を提案した。検討を重ねた結果、くつろぎとやすらぎの空間を提供するスーパー・フードビジネス・コーディネーターという肩書きでいくことになった。居酒屋の親父からの転換だ」**とN氏。

　セルフイメージを変えれば、ビジネスの対象は居酒屋だけではなく多岐に広がっていきます。実際、Tさんは居酒屋とは異なったコンセプトのバーを出店して成功を収め、その経験をもとに飲食店のプランニングを行うビジネスを始めました。それが大成功のきっかけとなったのです。

　固定したセルフイメージでは、発想も固定化されてしまいます。もっと大きく自由なセルフイメージに変更することで、発想が柔軟となり、ビジネスチャンスを広げていくことができるのです。みなさんは、自分に対してどんなセルフイメージを持っていますか？

075 「勝手に専門家を名乗る」で、チャンスを手に入れる

お金持ちになった人、成功した人は、けっして特殊な能力を持っている人ばかりではありません。また、偶然に〝おいしい状況〟に遭遇した人ばかりでもありません。U氏も、元々はごく普通のサラリーマンでした。彼が成功をつかんだ「きっかけ」は〝勝手に専門家になってしまった〟ことです。U氏は何の専門家になったのでしょうか？

それは、「100円グッズコンサルタント」。そう100円ショップで売られている商品の専門家です。といっても100円ショップの社員ではありません。本職は、まったく関係のない建設会社の建築士。豊富な品揃えの100円ショップに魅せられ、毎日通っているうちに、その魅力を他の人にも伝えたいとブログとメルマガを開設しました。そのなかで、100円グッズの紹介や便利な使い方のアイデアなどを発信してきたのです。

「100円グッズコンサルタントという肩書きは、面白半分につけたんですが、ブログやメルマガの購読者が増えていくにつれ、収納やグッズの相談や問い合わせが来るようになりました」

さらにU氏はこれまで培ってきた100円グッズの知識を出版社に売り込んだのです。それが採用され、本が世に出ると「100円グッズコンサルタント」という肩書きが効力を発揮し始めました。雑誌やテレビなどから執筆や出演の依頼が舞い込み、またアイデアグッズを開発している会社ともアドバイザー契約を結ぶことになったのです。

専門家を名乗ったことから発展したチャンス。このチャンスを最大限に活かして飛躍したいとU氏はいいます。これからどういう展開になるかはわかりませんが、少なくとも、これまでよりはるかにU氏の人生の可能性が広がったことだけは間違いありません。

どうやって専門家になれる？ ▶次の［CHAPTER15］にヒントがあります

CHAPTER 15

どんな仕事が天職か
―好きで、稼げる「仕事の見つけ方」―

076
仕事の選び方は「高条件」か、それとも「好き」か

　成功者やお金持ちは、どんな仕事で成功を勝ち取ったのでしょうか。『普通の人がこうして億万長者になった』（本田健著／講談社）に興味深いデータが載っています。現在の仕事を選択した理由を年収別に質問したものです。それによると、**年収が低い人ほど、給料や売り上げなどのお金の条件によって仕事を選ぶ傾向にあるということです。ところが、高収入層で見てみると、自分の能力や才能が活かせるかどうか、自分の大好きなことかどうか、人が喜ぶかどうかで仕事を選ぶ人が圧倒的に多かったのです。**

「私が成功できたのは、好きが高じたことですね」

　そう語るのは、ペット・マッサージで年商10億円近くのビジネスを展開している経営者です。エステサロンやマッサージはすでにビジネスとして確立されたものですが、当時は人を対象としていました。犬が大好きなこの経営者は、「人間が気持ちいいことは、犬も気持ちいいに違いない」と自分の愛犬にリラックスできるマッサージを大研究。そこで開発したノウハウを活かし、ペット・マッサージのショップを立ち上げたところ、愛犬家たちの評判を呼び大繁盛。瞬く間に急成長を遂げたのです。

　好きなことの延長線上にチャンスの扉があります。成功したいなら、自分の「好き」なことをとことん突き詰めるのもアリかもしれませんね。

年収の低い人・高い人の仕事の選び方

年収の低い人
- 給料や福利厚生はどうか
- 会社の業績が良く、安泰か
- 仕事内容が簡単で、残業はないか

その会社の条件がメインで選ぶ傾向にある

年収の高い人
- 自分の能力や才能が活かせられるか
- やりたい仕事か、ワクワクするか
- 仕事をしたことで人が喜ぶか

自分の能力と趣向に照らして、人のためになることが条件

「やりたくて、ワクワクする仕事」を見つけるには

Point 1
学生時代など、これまで自分は何にワクワクしたか思い出す

Point 2
「やりたくないこと」を明確にする

Point 3
とにかくいろいろなことをやって、経験してみる

本当に好きなこと、やりたいことは続けられる！ 続ければ人より抜きん出て成功の可能性が高まる！

心に火をつける成功者の金言

迷ったときには、10年後にその決断がどう評価されるか、10年前ならどう受け入れられたかを考えてみればよい

昭和電工元会長　鈴木治雄

077 机周りは、「きれいにすればいい」ってワケじゃない

お金持ちの机はきれいに整理整頓されているとはよくいわれること。お金持ちと整理整頓にどんな関係があるのでしょうか?

「お金持ちになるには、稼ぐ力と管理する力が必要です。管理できる人は身の回りのこともしっかり管理しています」

そういうのは、多くの資産家を顧客に持つ投資アドバイザーのW氏です。

たしかに、**お金持ちの家はきれいに片付けられていますが、お金に困っている人の部屋はグチャグチャに散らかっているイメージがあります**。「お金持ちは広い家に住んでいるから散らかって見えないんだ」という意見もあるでしょうが、それを差し引いても、お金がない人はものの管理ができていないように思えます。管理力は、整理整頓に表れてくるのです。

「でも、クリエイター系は例外。ものを作る人で机がきれいなのは見たことがない」というのはテレビ局のプロデューサーF氏。

小説家や画家などの芸術家、テレビや映画などの映像制作者、その他プランナーやゲーム制作者など、いわゆるクリエイター系の人たちのなかで成功している人間は、みんな机が汚いといいます。どうやら、分野によっても違うようです。

あなたは、事業家系? それともクリエイター系?

心に火をつける成功者の金言

最も重要なのは、
自分の能力の輪をどれだけ大きくするかではなく、
その輪の境界をどこまで厳密に決められるかです

アメリカの大投資家 ウォーレン・バフェット

「クリエイター系お金持ち」「事業家系お金持ち」あなたはどっち？

アイデアが生まれるクリエイター思考になるには？　▶ ［CHAPTER 6］へ

お金持ちの課題図書

『さあ、才能に目覚めよう』
マーカス・バッキンガム　ドナルド・O・クリフトン（日本経済新聞出版社）

自分の才能がどこにあるか知っていますか？
もしわからなかったら本書を買う価値あり。自分
の強みを教えてくれる「ストレングス・ファイン
ダー」という診断テストが受けられる権利がつい
ています。自分の強み、性向を知ったうえで本書
を読むと、そこでいわんとしている内容がすんな
りと頭に入ってきます。人間、現金なもので自分
に関係があるといわれたことは、集中して理解し
ようとするのです。さて、あなたの才能は、強み
はいったいどこにあるのか？　興味がある人は試してみてください。

078 転職を繰り返して天職を見つける人、見つけられない人

「今どきの若者はこらえ性がなくて、すぐに会社を辞めてしまう」

そんな「今どきの若者論」をよく耳にしますが、これに真っ向から反論するのが、さる地方都市で十数か所の塾を経営する実業家のD氏です。

「やりたくない仕事に情熱を注げるわけない。少なくとも、そういう状態では成功することはできない。僕だって今の仕事を始める前は、ずいぶんフラフラしてきましたからね」

実はD氏、若い頃は演劇青年でした。仲間と劇団を作り、脚本や演出もこなし、それなりの人気も出ましたが、内輪もめなどがきっかけで興味を失ってしまいます。その後、親の勧めで公務員になりましたが、あまりにも単調な生活にイヤ気がさして退職。中堅企業に転職して、セールスマンとして働きはじめました。

演劇の経験があるだけに人前で話すのは得意。セールスマンとしてメキメキ頭角を現しました。ノルマは月前半には達成し、残りは遊んで過ごすこともザラ。「なんて楽な仕事なんだ」と思いつつ、やりたいのはこれじゃないという思いをつのらせていたといいます。

そんなあるとき、塾の講師をしている友人とバッタリ再会しました。

「塾の講師は完全に能力給なんです。そこに興味を持った」 とD氏。

友人に誘われるまま、塾の講師になりました。始めてみると、天職だと感じたといいます。教壇で生徒たちの注目を集めるのは、かつて経験した舞台の上に立つ快感に通じるものがありました。授業内容次第で生徒たちの目の輝きが違ってきます。どんな授業をすれば生徒にウケるかを考えるのも楽しい作業です。

その後、D氏は小さいながらも個人塾をオープンさせました。経営者になったからには、自分で教えるだけでなく、雇った講師のレベルアップを

図らなければなりませんし、生徒や保護者へのケア、生徒を集める宣伝など、考えなくてはならないことがたくさんあります。しかし、D氏にとっては、それも楽しく、まさに天職を得たと実感しました。

「これぞ天職というものが見つかるまでは、いろいろ経験していいんですよ」とD氏はいいます。

実際、富裕層を対象とした調査でも、現在の仕事を天職だと考えている人が半分以上を占めています。その天職にたどり着くまでに、多くの職を転々とした経験を持つ人も少なくありません。

ただ忘れてはならないのは、**転職を繰り返して成功した人は、天職を絶対に見つけるという情熱とエネルギーを持っていた**ことです。ただ、つらいから仕事を辞めるのではなく、自分のやりたいことと違うから別の仕事を見てみようと移るのです。そこのところをお間違えのないように。

転職はちょっと… ▶ ［CHAPTER 2］を読んで、再検討してみては？

▶思い切って転身を図った人の話 ［034 & 035］

079 「夢中になったもの」は、 一生の財産になる

　世界的に有名な経営学者ピーター・F・ドラッカーの名言のひとつに、**「強みの上に築け」** というものがあります。

「自分の強み」や「仲間の強み」「組織の強み」を活かすことがビジネスで成功する秘訣だといっているのです。

　ただし、「自分の強みは自分ではなかなかわからない」ともいっています。人と交流して起こるさまざまな反応を勘案して判断するしかありません。この点については、多くの成功者たちも言及しています。ある人は、**「やりたいこと、得意なことがわからなかったら、子供時代に大好きだったものを思い出せ」** といいます。

　また、ある人は **「本当にやりたいことを知るには、やりたくないことは何かを考えなければいけない」** といいます。やりたくないことを明確化すれば、逆説的にやりたいことがはっきりしてくるというわけです。いずれにしても、共通しているのは **「まずは、やってみろ」** ということ。行動を起こしてみるのと、頭のなかだけで考えているのとは大違い。実際にやってみれば、それが本当に望んでいることか、おのずと明らかになるということです。

「好きなことはそれほど労力や忍耐を要さずとも続けられますよ。『続けられる』というのが重要です。続けていけないと成功に届きませんからね。だから、好きなことをやれといわれるんです」

　ある成功者がそういうように、とにかく自分が好きだと思えることを手当たり次第にやってみることで、成功の扉に近づくことができるのです。

やってみろといわれても……　▶ ［CHAPTER 1］に自分を動かす秘訣があります

「自分だけの成功」のヒントは子供の頃の夢にあり

多くの人が金のなる木を探しています。成功のタネはどこにあるのか、と。

実際に経済的成功を成し遂げた人の話を聞いてみると、少なからぬ成功者が**「成功のタネは子供時代にあった」**と述べています。それはどういうことでしょうか。

「おそらく、子供の頃に描く夢や希望は、その人の想いを純粋な形で表現しているのでしょう」

そういうのは、数多くのベンチャー企業を支援してきたベンチャーキャピタルの経営者E氏です。

「自分の行く道を模索しているとき、子供の頃の夢を思い出してみると、心の奥底に眠っている、自分が本当にやりたかったことが見えてくることがあります。それが成功のタネになるのは不思議なことではありません。成功するには、持続する情熱が必要不可欠ですからね」

みなさんは子供の頃に、何になりたかったでしょうか？

あなたが情熱を傾けられるものは、子供の頃の「初心」にあるかもしれません。

心に火をつける成功者の金言

自分に欠けているものを気に病む人は、
備わっている大事なものを思えばいい。
それだけで悩みは消える

自己啓発書の作家　デール・カーネギー

081 趣味がお金に化ける、誰もがもつそのきっかけとは

お金持ちの趣味というと、何を想像するでしょうか?

たとえば、書画や古美術の収集も、お金持ちの趣味を代表するもののひとつです。古い書画や古美術は、取引市場がしっかりしており、美術的価値、骨董的価値などが評価されるので、いいものになると何十万、何百万、ときには何千万円の値がつきます。高価な書画や古美術ではなくても、子供の頃から集めているコレクションが成功のきっかけを与えてくれることもあります。

着古したジーンズを捨てるのが面倒で、押し入れにため込んでいた男がいました。あるとき、ヴィンテージジーンズに高値がつくことに気づき、押し入れのジーンズを売ったところ、数百万円を手にしたのです。男はそれを元手に古着屋商売を始め、大儲けしました。

また、ある人は街の銭湯に興味を抱き、全国、津々浦々の銭湯に出かけて行っては、外観や内部の写真を撮りためていました。もちろん、はじめはまったくの個人的な趣味です。そんなことを続けていると、「面白いヤツがいる」と出版社の人間の目にとまり、銭湯の本を何冊も出すことに。

また、霊柩車にも興味があって調べているうちに、大学の先生と共著で霊柩車にまつわる文化論の本まで出版することになりました。今では、銭湯評論家や霊柩車評論家など、レアな事物を対象とする評論家として、多方面で活躍しています。

お金儲けの正攻法とはいえないかもしれませんが、オタク的趣味もお金を生み出すお宝になることがあります。あなたも、夢中になっていたものを思い出してみては? 思わぬ金脈になるかもしれません。

この趣味ビジネスになるかも? ▶チャンスをつかみましょう [CHAPTER 5]

才能を見つける方法5選

成功した人々は、何らかの才能を発揮して結果を残してきました。自分には才能がないから、成功してお金持ちになるのは無理なんだ、とあきらめてはいけません。才能はそうそう簡単には見つからないのです。成功者に、才能を見つけるコツを聞いてみました。

◇好きなことを追求する

才能を見つける王道は、自分の好きなこと、やりたいことを追求するという方法。「好きこそものの上手なれ」のことわざの通り、好きなことであれば長続きしやすいし、人より秀でる可能性も高いといえます。

◇コンプレックスと向き合う

コンプレックスは裏を返せば、その人の個性。イヤだと目を背けるのではなく、コンプレックスと向き合って、それを活かすことを考えてみると、他人にはできない自分の道が見つかるかもしれません。

◇何にでもチャレンジする

先入観を捨てて、いろいろなことにチャレンジしてみることも必要。もしかしたら食わず嫌いの分野が、意外にもハマる可能性も。

◇幼い頃を振り返る

子供時代の夢や、夢中になったものを思い出してみるのも一法。純粋なあこがれや楽しみのなかに、自分の好きなこと、本当にやりたかったことのヒントが隠れているかも。

◇家族や友人に聞いてみる

自分のことは、案外自分ではわからないもの。いっそのこと、自分に向いたものは何か、家族や友人に聞いてしまうという手もあります。自分で才能があると思っていたことが評価されていなかったり、逆に苦手だと感じていたことが評価されていたり、自分を知る機会になるでしょう。

SPECIAL INTERVIEW

成功するには、
特別な才能が必要か

若手実業家　M氏

「成功する人間はどこか人とは違う特別な才能がある」という疑問に「そうではないと思いますよ」という若手実業家のM氏は、特別な才能が成功の必須条件ではないといいます。

—— どうして、成功に特別な才能が必ずしも必要ではないと？

僕自身が特別な人間ではなく、ごく普通、いや普通以下でした。そんな僕が起業して事業を軌道に乗せることができたんですから。

—— Mさんの成功のきっかけは何だったのでしょうか？

貧しい家に育ったもので、成功への欲求は人一倍強かった。でも、失敗の連続でした。そんなダメな僕が成功できたのは仲間なんです。

—— どのような仲間ですか？

僕は、自分が手がけたビジネスをブログにつづっていました。そこには等身大の自分をさらけ出し、失敗したことや情けない思いまで書き込んだ。そんな正直さがウケたのか、ブログのフォロワーが増えていったんです。

—— フォロワーが助けてくれたんですね。

最初はバカにされたり、あきれられるような書き込みが多かったんですけどね。あまりにも情けないので、だんだん読者たちが同情してくれて次第に励ましやアドバイスを書き込む人が増えてきました。そうやってサークルみたいなものができていったんです。ありがたいことですが、僕の応援団です。

——応援団？　すごいですね。

そうでしょう？　資金援助を申し出てくれた人もいましたし、実際に自分でビジネスをやっている人は、銀行との付き合い方やお金の借り方、創業資金の配分の仕方まで、実践的なアドバイスをもらいました。ビジネスアイデアも寄せられ、ブログの読者たちがそのアイデアを詳細に検討し、ブラッシュアップしてくれたんです。

——ブログは今でも続けているんですか？

ええ、続けています。今でも迷ったときや困ったときは正直に自分の気持ちを書き込んでいます。それに対して、応援団から何十何百の激励やアドバイスが送られてきます。本当に感謝です。

——だから、成功に必要なのは特別な才能じゃない、というのですね。

普通の人間である僕が起業できたのは、ブログに集まってくれた仲間のおかげです。自分には多くの仲間がいると思えたから、がんばることができました。

　Mさんはずいぶん謙遜してしゃべってくれましたが、Mさんの「人を巻き込む力」、それこそがMさんが持つ特別な才能なのかもしれません。

PART V
お金持ちの「働き方」習慣のポイント

CHAPTER13（p166〜）
どうして、成功者はノートで夢を叶えるのか
―最安の投資「ノート」の使い方―

● 夢や目標が常に頭の片隅にあると考え方も行動も変わる。だから、達成できる。その簡単な方法は、紙に書いて目につくところに貼る、それだけ
● 強い意志に関係なく、人間は忘れるもの。成功者は目標を見える形にする

CHAPTER14（p170〜）
どうやったら、一般会社員から抜け出せるか
―「肩書き」の枠を外す思考法―

● 「才能に恵まれない」という人ほど、そのコンプレックスをバネに、成功する強い意志に恵まれる
● 「自分はどんな仕事をしているか」考え直すと、自分の強みが見えてくる
● ただの趣味が、その道の専門家として、人のためになるビジネスに

CHAPTER15（p174〜）
どんな仕事が天職か
―好きで、稼げる「仕事の見つけ方」―

● 年収の高い、職能あふれる人は「とことん突き詰める」「膨大な知識がある」「やり続けてストレスがない」。仕事の選択は「好き」がおすすめ
● アイデア勝負のクリエイターは、机が汚いからひらめく。即断即決即対応の実業家は、机がきれいだから思考がクリア
● 「自分がやりたかったことはこれだ！」転職を繰り返して天職に出会える人は、くすぶる情熱とエネルギーを持っている

PART

VI

お金持ちの
「ライフプラン」
習慣

あなたは自分のライフプランを描いています
か？ お金持ちになる人は「人生の計画表」
を作り、目標を定めて、それをクリアするた
めに行動を起こしています。どんな計画を立
て、どのように時間を使い、成功の階段を上っ
ていったのでしょうか。そのノウハウをのぞ
いてみましょう。彼らのタイムスケジューリ
ングを知れば、あなたの日々の習慣が変わり、
成功へのライフプランもより現実に近づいて
いくはずです。

CHAPTER 16

なぜ、目の前の仕事ばかり
ではいけないのか

—5年後の人生を一変させる「計画表」—

082　確実に理想の人生に進む、
「ライフプラン」のすすめ

「お金持ちになる人と、なれない人の時間の使い方で決定的に違うのは、ライフプランを描いているかどうかですよ」

多数の資産家を顧客に持つ投資アドバイザーのM氏はいいます。「ライフプラン」というのは、人生の計画表のこと。お金持ちになる人は、何をしたいか、どうなりたいかという目標が明確にあり、いつ達成するかの目安を設けているのです。彼らは、その計画に基づいて行動を決めているといいます。

プランニングの仕方や、どの程度まで詳細に計画を立てるかは、その人によって違います。30代でこれだけは達成するというように、アバウトに目標設定している人もいます。でも、自分の目標を意識し、タイムスケジュールを立てていることに違いはありません。ビジネスでも目標に沿って計画が立てられ、取るべき行動が決まります。つまり、計画を立てるということは、今やるべき行動が示されるということです。

「人生は予測できないから面白い。ロボットのように、計画通りにやってはつまらない」と思う人に対して世の成功者、お金持ちはこう言います。**「そういう生き方も否定はしない。しかし、行き当たりばったりで臨むというのは、あまりにも運頼みの生き方ではないだろうか。もしかすると宝くじに当たってお金持ちになれるかもしれないが、そんな幸運は何百万分の一。そんな受け身の生き方はイヤだなあ」**と。

083　人生、苦労する人は、目の前のことしか見ていない

　成功した経営者のなかには、ちょっと変わった考えを持っている人もいるようです。飲食チェーン業で成功したＹ氏もそんなひとり。毎日、ジムに通って体を鍛えているＹ氏に理由を聞くと、**「50歳で引退して、好きなことをやるために体力をつけている」**という答えが返ってきました。仕事をバリバリこなすＹ氏が引退のことを考えているとは意外。

「僕はいつも5年先、10年先、20年先を考えて生きてきた。子供の頃から、親父が始めた飲食店を継ぐつもりだったから、外食に行けば、メニューから内装など参考になりそうなことをメモしてきたし、海外にも出店しようと思っていたから、海外旅行は場所探しの旅だったよ」とＹ氏。

　2代目だということは知っていましたが、たまたま経営の才能があって店が繁盛し、お店の数が増えていったのだと思っていました。しかし、実は、ずっと以前から多店舗展開を考えていたのです。5年先、10年先のことを考えておかないと、一生苦労する人生だとＹ氏はいいます。なぜなら、**先々のことを考えなければ、目の前のことにあくせくするばかりだから**です。先のことから逆算して、いまの行動に結びつける。Ｙ氏は将来のイメージを実現するために、現在をアクティブに行動しています。

「お金持ちは望遠鏡で遠くの儲かりそうな土地を探すが、貧乏人は虫眼鏡で足元に小銭が落ちていないか探す」とあるお金持ちもいいます。

心に火をつける成功者の金言

自分の運命は自分でコントロールすべきだ。
さもないと、誰かにコントロールされてしまう

ゼネラル・エレクトリック元ＣＥＯ　ジャック・ウェルチ

▶スケジュールをつくる際の落とし穴 [014] へ

084　お金持ちほど、お金よりも　スケジュール帳を大事にする

「スケジュール帳を手放せない」と多くの経営者は語ります。

　成功者やお金持ちにとって、時間はお金よりも大事なものです。だから、手帳やスケジュール帳の重要性について語る成功者がたくさんいます。

　ある経営者は、**「スケジュール帳は、見えない時間というものを見える状態に変化させる道具」**であると説いています。

　大切な自分の時間を効率的に使うために、スケジュール帳ではっきりと目に見える形にして、「自分の時間が何にどれくらい取られているか」、「どれくらい空いているか」を確認しながら行動することが重要だというのです。

　しかし、多くの人がスケジュール帳を使っているのに、みんなが成功できるわけではありませんし、お金持ちになれるわけでもありません。成功して大金をつかむことができるのは、スケジュール帳を使っている人のほんのひと握り。そこには、どんな違いがあるのでしょうか?

　多くの人は、スケジュール帳というと、日付のページに人と場所を書き込んでいるだけ。それは、いってみればアポイントの覚え書き、人とのアポイントを忘れないようにするためのメモと同じです。

　それはそれで大切なことですが、成功している人のスケジュール帳の使い方は、ただアポイントのメモをしているだけではありません。たとえば、ある経営者は、自分の行動のすべてをスケジュール帳に書き込んでいるといいます。

　具体的にいうと、人とのアポイント情報以外に、「自分がするべきこと」や「したいと思っていること」、さらには「考えていること」まで一冊のスケジュール帳に書き込んでいるのです。そこまで書き込んで、はじめて手帳は自分の分身となります。自分の思考や行動を客観的に分析できる道具となるのです。

「ただのスケジュール帳」「次々に成功を呼ぶスケジュール帳」

「予定を確認するためのスケジュール帳」

すでに確定したスケジュールを確認するためだけの手帳だけでは、もったいない。成功に進む、理想を手に入れる使い方がある。

21日	渋谷〇〇商事B氏 打ち合わせ14:00〜
22日	
23日	チーム会議14:00〜
24日	資料作成→提出18時〆
25日	A社プレゼン

- -

「成功する未来の予定をたてるスケジュール帳」

どうなりたいか、どうしたいか未来の予定をスケジュール帳に書き込み、着実にその未来に進む。

❶まず最終目標を書く
❷目標を実現するために何をすればいいかを考え、具体的な行動、細かい目標を書いていく

2025年	会社でトップ5の売上に。独学で会計知識を蓄える
2026年	独立に向けて資金を貯める（800万円）
2027年	会社を退職し、独立
2028年	売上を〇〇万円突破
2029年	起業した会社のグループ会社設立

「5年計画」を作ったら、逆算して「1年計画」を作る。
さらに逆算して「月間計画」「週間目標」というように、
"いまやる行動"を明確にする。

心に火をつける成功者の金言

「効率」という言葉はよくない。
「創造性」という言葉を使うべきだ

ゼネラル・エレクトリック元CEO　ジャック・ウェルチ

085 スケジュール帳は、予定の確認だけにあらず

スケジュール帳に予定以外のことを書き込んでいる成功者は少なくありません。スケジュール帳に関する著作も出している著名な起業家は、スケジュール帳に自分がやりたい夢をすべて書き出しています。しかも、その夢には日付が入っていて、何年何月何日までにこの夢を実現させると刻み込まれているのです。

そして、時間があればスケジュール帳を見返して、やりたいことややるべきことを確認します。そうやって繰り返し見ていると、潜在意識のなかに目標が焼き付き、自然に目標達成の方向に向かって行動するようになるというわけです。

こうして見てみると、スケジュール帳は成功者にとってたんなるスケジュール管理の道具でありません。過去から現在、さらに未来を含めて、自分が何をやりたいかを指し示す、自分の願望を映し出す鏡です。それは、スケジュール帳というよりも「行動計画表」と呼ぶのがふさわしいでしょう。

さて、あなたのスケジュール帳を開いてみてください。「○月○日午後2時、渋谷、○○商事B氏」などとシンプルに書かれているようでは、成功者の手帳とはいえません。空いているスペースがたくさんあるでしょうから、これから自分がやりたいと思うことを書き連ねてみましょう。これから、あなたの行動がどう変わるか？　たくさんの成功者が、手帳に夢を書くだけで成功に近づけるといっているのですから、試してみても損はないでしょう。

心に火をつける成功者の金言

功を奏するとどめの一撃などない。
小さなステップの積み重ねだ

シェリアソン・リーマン・ブラザーズ元会長　ピーター・A・コーエン

お金持ちになるヒント

仕事がデキる人の休日の過ごし方５選

成功してお金持ちになった人は例外なく、ハードワーカーです。時間が
もっとも大切だと知っているので、ムダなく効率的に仕事をこなしてい
るのです。一方、彼らは休日も有意義に過ごしています。どんな休日の
過ごし方をしているのでしょうか？

◇海外旅行に出かける

毎日同じことばかりやっていると、どうしても発想が固定されてしまい
ます。ときに、意識を切り替えることが重要。海外旅行に出かけて異文
化に触れると、簡単に意識の転換が図れるのでしょう。

◇スポーツをする

休みの日くらい寝ていたいというのは、成功できない人の発想。適度に
体を動かしたほうが疲労が取れ、精神も活性化することを成功者は知っ
ています。

◇読書をする

成功者は例外なく本をよく読んでいます。新しい知識は、思考に深みを
与え、新たな発見を呼び起こしてくれるからです。

◇情報の整理をする

その週に上がってきた情報をまとめ、頭に入れます。誰と会い、どんな
話をしたかということも、もう一度確認。そのときはわからなかったこ
とに気づける時間です。

◇新しい遊びに挑戦する

たくさんのことに興味を持ち、いろんなことに手を出してみる人も多い
ようです。身にならなくても、そこで得た体験はあとあと生きてくるの
だとか。

086 「計画表には、愚痴をこぼしなさい」、人生を豊かにするその秘訣

　ほんのささいなことでも、プランニングしてそれが達成されれば、充実感を味わうことができます。それが繰り返されていくと、人生をプランニングしていくことの重要性も理解できるようになるでしょう。ある女性社長は愚痴さえもプランニングの対象にしてしまうといいます。たとえば、**「毎日忙しくてイヤになるよ。ときには息抜きがしたいなあ」**と愚痴をこぼしていたとしましょう。この愚痴をプランニングしてみると——息抜きがしたいというのですから、息抜きの時間をセッティングするのです。

　気のおけない友人たちとホームパーティーを開くのもいいでしょう。そう決めたら、日時と誰を呼ぶかを決め、みんなにメールして予定を押さえてしまいます。次は、当日の料理の決定。ネット情報を調べ、簡単だけれど、ちょっと豪華に見える料理をピックアップし、レシピをプリントアウト。さて当日、忙しい時間をやりくりして集まった仲間は、仕事を忘れて食べ、飲み、語らい、一時の息抜きを心ゆくまで楽しみます。

「息抜きしたいなあ」という愚痴が「目標」に変わり、「計画」が立てられて「実行」に移され、「現実」のものになったのです。

　目標を立ててプランニングを行うと同時に、それは自分の行動計画に落とし込まれ、実際に行動を起こさざるをえない状況になっていきます。そして、行動を起こすことによって、それが現実化されます。

　それは、ライフプランという長い行動計画でも同じことです。やりたいと思ったことはどんどん計画表に落とし込んで、プランニングしていきましょう。それがどんなことであれ、目標を掲げて、達成のための計画を練り、行動を起こすという行為が、夢を現実へと近づけてくれるのです。

> ネガティブ思考［019］も、計画表にこぼしたら味方になるかもしれません

フィードバックが凡人を一流にする

オーストリアの経営学者　ピーター・F・ドラッカー

> お金持ちになるヒント

お金持ちになれない人の習慣5選

オーストラリアの情報サイト「NEWS.com.au」によると、お金持ちと貧乏な人々では、日常習慣に大きな違いがあったといいます。あなたは、どちらのタイプに当てはまるでしょうか?

◇テレビをよく観るか?

お金持ちの67%	毎日1時間以内	貧乏人の80%	毎日3時間以上

◇週に4日以上運動しているか?

お金持ちの76%	している	貧乏人の23%	している

◇ジャンクフードをどれくらい食べるか?

お金持ちの70%	毎日300kcal以内	貧乏人の97%	毎日300kcal以上

◇おばあちゃんの誕生日に電話するか?

お金持ちの80%	電話する	貧乏人の89%	まったく電話しない

◇毎日、仕事の資料を読むか?

お金持ちの88%	30分以上読む	貧乏人の98%	ほとんど読まない

このデータを見ると、お金持ちほど毎日の生活をコントロールしていることがわかります。さて、あなたは?

SPECIAL INTERVIEW

大きく儲ける人ほど、
こんな非常識な目標を掲げる

ネット販売実業家　F氏

健康食品のインターネット販売で、30代にして年商5億円を売り上げる実業家のF氏。大学卒業後、民間会社に就職しましたが、家業である健康食品のネット販売会社を継ぎ、10年で現在の売り上げを実現しました。その成功の秘訣をうかがってみました。

——家業を継いだのは、親の要望ですか?

それが、違うんだ。そんなに繁盛していたわけじゃないから、サラリーマンのほうが安定していいと思っていたみたい。でも、僕は会社に居続けた10年後を考えてみたら、先輩はあまり楽しそうじゃないしもっとお金を稼いで楽しく使える人間になりたいから、脱サラしたんだ。

——それで急成長というのはすごいですね。

家業を継ぐときに、「10年後には年商5億円を達成する」と宣言したんだ。両親は驚くというより、あきれていたけどね。でも、僕なりに計算があったんだけどね。

——どんな計算ですか?

サラリーマンを辞める頃にある成功本を読み漁った。そこには、「掲げる目標は、実現不可能と思われるくらい大きなものがいい」って書いてあっ

た。たとえば、うちの家業は健康食品のネット販売だから、会社に勤めていてもやることはできる。でも、それじゃあ片手間だから、それほど成功は望めない。モチベーション上がらないよね。それより、「10年で5億円」とでかい目標を掲げたほうが、どうしたら実現できるか、あれこれ考えるようになるでしょ。

――そんなにうまくいくものですか?

僕の場合は、それでうまくいった。もちろん、大変だったけどね。それこそ昼も夜もない生活が続いた。でも、自分で立てた目標を実現させるためと考えれば、それほど苦にならなかったね。

――実現不可能なくらい大きな目標だと、自分でその可能性を信じることができるかどうか、自信が持てないんですが……

自分でも信じられないというなら、「こんな生活がしてみたい」といったライフスタイルのイメージから考えてみたらどうだろうか。その生活を実現するには、どれくらいの収入が必要か、その収入を得るためには、会社の売り上げ、利益はどれくらいの規模かと逆算していくわけさ。

　人が聞いたらあきられるような大きな目標を本気で掲げ、公言するというのは、簡単そうでけっこう難しいことです。何より自分自身が信じられるかどうか。でも、あこがれから逆算していけば、成功への道筋が見えてくるということでしょう。

どこで、お金持ちとの差がつくのか

—1日の充実度は「朝と夜」で作られる—

087

新聞、読書、独学……、
自己投資の効率がいい
「ゴールデンタイム」

　お金持ちやお金持ち予備軍は、早起きして、本や新聞を読んだり、独学しています。顧客データや部下の報告書などを眺め、その日の戦略を立てる人もいます。要するに、お金持ちは早朝に自分にとって身になることに時間を使っているのです。

「成功する人が朝早い時間を重視しているのは、もっとも集中しやすい時間だからです。集中できる時間を自分のために投資しようと考える人は、貪欲に自分のレベルアップを図りたいと考えています。1日のこのプライムタイムを自分の勉強のために割り当てるわけですから、それが血となり肉となる度合いも高いのだと思います」

　そういうのは、地方を中心に居酒屋チェーンを拡大しているB社長。居酒屋という業態から夜が活動時間の中心と思われがちですが、B社長自身は早寝早起きで、朝の静かな時間にビジネスの構想を練っているそうです。

　一般的には夜のほうが集中力が高まって、自己投資の時間に向いていると考えている人が多いようです。しかし、夜は静かな時間だと思いがちですが、実はそうではありません。人をリラックスさせ弛緩させようとする刺激が多いのです。テレビやスマホなど、ついつられて見てしまいます。また、夜に集中しようとしても、日中の疲れが残っているので、集中力が高まりません。ダラダラとした時間を過ごし、思ったほどの効果を得られ

ないのが夜の時間です。

　その点、朝なら睡眠によって疲れを拭い去っていますから、集中しやすいでしょう。会社に早く出ても、電話はかかってきませんし、出社している社員が少ないから雑談にわずらわされることもありません。実に、静かな空間です。また、朝は自由に使える時間が限られているので、集中力も増すことでしょう。

「眠そうに満員電車に揺られている人と、空いている早朝の電車でゆったり、席に座って本を読みながら出社する人と、どちらに将来の可能性を感じますか?」そういって爽やかな笑顔を振りまくB社長。

　確かに、明け方に眠そうにする人より、朝に自己投資してシャキッとした人では、後者の方が成功しそうです。

朝・昼・夜で、集中力が違う理由

集中力は、成功者も普通の人も変わりません。
多くの人はここでがんばりますので、人より抜きんでることは出来ないでしょう

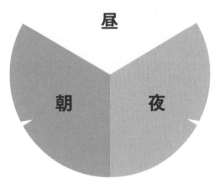

ダラダラとしがちな人が多い時間帯ですが、成功者にとっては「ゴールデンタイム」。自己投資に活用しましょう

思っている以上に脳は疲れています。集中力が低いので、テレビやスマホなどの誘惑に負けやすい

▶早寝早起きは健康にもいいでしょう。[CHAPTER18]もチェックしましょう

088 お金持ちが「早起き」で育てていた、セルフコントロール

お金持ちはすべてにおいて「早い」。

その典型が朝です。早く起きる習慣を持つお金持ちが実に多いのです。クリエイティブな仕事をしているお金持ちの場合、夜に仕事をしているのではないかと思っている人もいるかもしれませんが、実際はそうではありません。たいていは朝4時から6時くらいに起きています。

お金持ちがいかに早起きかはホテルにも表れています。お金持ちが定宿としている一流ホテルほど、朝のサービスを充実させています。早朝の朝食に応じたり、24時間のルームサービス・メニューにも、朝食になりそうなものを入れるなど、早起きに対応しているのです。

お金持ちが早起きするのは、時間の大切さを知っているからにほかなりません。早起きすれば、それだけ時間を有効に使えるからです。

ビジネスで大成功を収めた経営者のAさんは、**「金持ちは早起きが多いが、もっというなら、早起きの習慣が身についている人は、そうでない人に比べて成功する確率は高い」**と断言します。

なぜか。早起きはセルフコントロールにつながるからです。早起きするのはつらいときもあります。とくに冬の寒い朝には、10分でも長く寝ていたいものです。その誘惑に流されてしまうと、ほかの場面でも気持ちを切り替えるのが遅くなってしまいます。つまり、自分をコントロールできなくなってしまうというのです。セルフコントロールができないと、決断が遅くなり、行動も鈍くなります。それを防ぐためにもお金持ちは早起きを日課にしているのです。

時間を効率的に使うためにも、セルフコントロールの一環としても、早起きの効果は大きいようです。怠惰な自分にサヨナラして、まずは目覚まし時計の起床時間を1時間早めてみては？

自分で壁を越えてきた経験が自信につながります

ソフトバンク創業者　孫正義

▶セルフコントロールで、［CHAPTER13］で書いた夢の実現性が高まります

お金持ちになるヒント

早起きの効用6選

お金持ちになるのは、毎日の習慣の結果だという人がいます。早起きも
お金持ちになる習慣といいますが、なぜ、早起きするとお金持ちになり
やすいのでしょうか？　聞いてみました。

◇1日を有効に使える

5時に起きた人と、8時に起きた人を比べてみればわかるように、朝が
早いと1日の時間はたっぷりとあります。

◇健康と美容にいい

体が資本です。健康な体、さらに美容にも早寝早起きはいいのです。

◇ひとりの時間を充実して過ごせる

誰も起きていないひとりの時間に、集中して取り組むことができます。

◇朝は思考がポジティブになりやすい

太陽が昇る様子を見ていると、元気とパワーをもらえます。このときは
思考がポジティブになり、いいアイデアが浮かびやすいといいます。

◇1日に余裕が生まれる

朝から動くと、人が仕事を始める前にもうひと仕事終えていて、次の課
題に余裕を持って取り組むことができます。

◇ムダな夜の付き合いを避けられる

早起きになると、必然的に早寝になるので、不必要な夜の付き合いをし
なくて済むというメリットもあるようです。

CHAPTER 17　どこで、お金持ちとの差がつくのか

089

偉業を成し遂げる人は、朝に何をするか

　ある雑誌が、世界で活躍する成功者たちに朝の時間の使い方を尋ねたところ、驚くほど多くの共通項が見つかりました。

　そのひとつが「瞑想」。瞑想を習慣にしている人には、マイクロソフトのビル・ゲイツやアップルの故スティーブ・ジョブズ、さらにはイチローまで含まれています。

　彼らは、なぜ瞑想にはまるのでしょうか？

　瞑想には、集中力を高め、心身のバランスを整える効果があることが知られています。心と体を健康な状態に保ち、集中して物事に取り組むことが、何かを成し遂げることと通じるものがあるということでしょう。

　同様に運動も多くの成功者が実践していました。とくに、マラソンやランニング、ジョギングの愛好者が多いようです。

　運動も心身のバランスを整え、ストレス解消に役立ちます。さらに、ある経営者は、ランニングは"ひとりでできるからいい"といいます。

「走っているときは雑念が消えるから、ものを考えるのに最適なんだ。ランニング中にアイデアがひらめくことも多いよ」

　どうやら心身の健康と集中できる環境は、成功に不可欠なようです。瞑想もランニングも手軽にできるもの。まずは形からでもマネてみてはいかがでしょうか？

心に火をつける成功者の金言

人間は働きすぎてだめになるより、
休みすぎてサビつき、だめになることのほうがずっと多い

ケンタッキー・フライドチキン創業者　カーネル・サンダース

▶朝は瞑想、夜はイメージトレーニングがいいようです［091］へ

早起きして何をすればいい？　▶読書などいかがでしょうか？［CHAPTER21］へ

お金持ちになるヒント

成功者は早起きして何をしているのか？

朝早くから活動するリッチな人たちに早く起きてどんなことをしている
のか聞いてみました。

◇軽く体を動かす

もっとも多かったのがジョギング、体操、ヨガなど、体を動かすことで
した。朝から体を動かすとスイッチが入り、活動的になれるといいます。

◇スケジュールを立てる

朝一の静かな時間に、今日行うべきことをスケジューリングする人もた
くさんいます。なすべきことを1日の最初の時間に確認するのです。

◇瞑想、イメージする

成功者には、瞑想やイメージトレーニングの信奉者も多いようです。な
かでも朝に行う瞑想やイメージトレーニングは効果抜群だといいます。

◇もっともやりたくないことをやる

気が乗らないことは、朝のうちに片付けてしまうという人もいました。
イヤなことを早く終わらせれば、あとの時間を楽しく過ごせますからね。

◇家族そろって朝食をとる

朝早く起きれば、その分時間に余裕があるので、家族そろって朝食をと
ることができます。朝のだんらんは、1日の英気を養ってくれます。課
題に余裕を持って取り組むことができます。

CHAPTER 17　どこで、お金持ちとの差がつくのか

090

「夜に仕事をする」に
隠されたトラップ

早起きの人と、そうでない人の時間の使い方を比べてみましょう。両者とも、午後の時間の使い方はそう変わりません。昼食を1時間取ったら、あとは午後6時まで5時間仕事をします。ところが、午前中はどうでしょう。通勤時間に双方とも1時間かかるとすると、朝5時に起きる人は、朝食や身支度で1時間ほど差し引いたとしても12時までに4時間は仕事に使うことができます。一方、朝7時に起きている普通の人は、3時間しか使えません。この差は、非常に大きいといえます。さらに、お金持ちは朝のうちに独学など自己投資に励んでおり、仕事をする頃には頭もさえている状態です。一方、普通の人は仕事にとりかかるアイドリングがかかります。

夜に残業して巻き返せばいいだろうと思うかもしれませんが、夜なら時間がたっぷりあると思ってしまい、ついダラダラとしがちです。早起きの人はさっさと仕事を終わらせて早い時間に退社し、夜は有意義な時間を過ごします。ダラダラと残業をしている人と、ここで差がついてくるのです。

さらに差がつくのが、夜10時以降の過ごし方。早起きの人は、朝が早いので、遊びや酒もほどほどにします。一方、普通の人はつい深酒をして夜更かしをすることが多くなります。その結果、翌日は仕事の能率を大幅に低下させてしまいます。会社勤めを辞め、フリーランスとなって成功したビジネス評論家のF氏は、次のように語ります。

「会社にいた頃は、深夜の3時までよく飲んでいた。翌日の午前中は使い物にならないが、それで給料が下がるわけではない。ところが、フリーの身で深夜の3時まで飲んだらどうなるか。これは損失でしかない。だから、遅くまで飲まず、朝は早く起きるようになったね」

世の大半のお金持ちたちは、実に健全な習慣を身につけているようです。

結局、仕事が終わるからいい？　思わぬ落とし穴がありますよ [087]

「時間を有効利用するお金持ち」「気分で時間の使い方を変える人」

お金持ち

普通の人

起床　朝食＆身支度	5:00	睡眠
自己投資	6:00	
通勤	7:00	起床　朝食＆身支度
午前中の仕事時間 ＝4時間	8:00	通勤
	9:00	午前中の仕事時間 ＝3時間
昼食	12:00	昼食
午後の仕事	13:00	午後の仕事
	18:00	

夜は、プライベートを
有意義に過ごす

午前中の遅れを
残業で巻き返す

心に火をつける成功者の金言

私たちは、成功の秘訣は仕事量を
とにかく増やせばいいと勘違いしている、
実際は仕事の質の部分が重要なの

ハフィントンポスト創業者　アリアナ・ハフィントン

091　願望を自分に刷り込む、イメージトレーニング

　お金持ちは、寝る時間でさえもムダにはしていません。人気経営コンサルタントのA氏は、寝る前のひとときに自分の願望を繰り返しイメージするといいます。つまり、イメージトレーニングを行っているというのです。

　ポイントは、夜眠る前のまどろみや、起きたときの頭がボーッとしている状態のときに行うこと。このときは、意識がまだ十分に働いておらず、願望が素直に刷り込まれていきやすいのです。

　A氏は、とくに寝る前のイメージトレーニングを推奨しています。

「朝は頭が働いていないから、けっこう忘れてしまう。だから、夜寝るときにやるのがいい。僕なんか、よくカミさんに『寝ながら笑っている』っていわれるよ。未来の自分を想像しながら、ワクワクしているんだね」

　夜寝るときに、自分が成功して祝福を受けている姿、お金がたくさん儲かってうれしくて仕方がない姿をイメージし、その幸福感に浸る。たったこれだけのことで、成功の回路がプログラミングできるのです。これほど簡単なことはありません。

　より専門的な方法論はいくらでもありますが、こんなシンプルなことだけでも十分効果を得られるといいます。「寝る前にワクワク」。さっそく今晩からやってみてはいかがでしょうか?

心に火をつける成功者の金言

今日は苦しい、明日も大変。けれどあさってになれば、きっといいことが起こるんだ

アリババグループ創業者　ジャック・マー

目標も願望もない?　▶思い出してみてください [006 & 007 & P196] へ

うまくイメージを自分の「無意識」に刷り込む

人はイメージした
方向に進むから、
うまくいく算段を
刷り込む

自分がうまく
いったことを
思い出してほめる

今日の反省は、
明日がんばれば
うまくいくと自分に
プログラミング

自分は
「やればできる人」と
自分にプレゼンする

寝る前にイメージトレーニング

寝るときは
誰にも邪魔されない
「自分との対話時間」

物事、良くも悪くも
捉えられるもの。
寝る前はポジティブに

CHAPTER 18

なぜ、成功者は、成功し続けられるのか

―心と体の「メンテナンス」の基本

092 聞きたくないけどホントの話「命はお金で買える」とは

お金持ち向け医療がさかんになっています。そのひとつが、「メディカル・ツーリズム」です。日本の医療水準は高いとはいえ、海外には、日本では受けられない手術を行っているところがあります。

また、臓器移植には、日本では制限も多いため、海外で治療や手術を受けることが少なくありません。それを支援するのが、メディカル・ツーリズムです。メディカル・ツーリズムによって、病気を抱えたお金持ちはアメリカやオーストラリア、中国などに渡ります。渡航先の病院で治療を受け、実際に病気が治ったというお金持ちの話は、インターネットなどでよく紹介されています。

また、アンチエイジング用のメディカル・ツーリズムも始まっています。関係者によると、「**とくにスイスは、アンチエイジング大国で、世界中からお金持ちがやって来ています。ただでさえスイスは物価が高いのですが、さすがお金持ち。金には糸目をつけないようです**」とのこと。

このように富裕者向け医療サービスが当たり前の時代になりつつありますが、命も病気も「資産次第」ということになるのでしょうか？

資産がありません ▶ 資産運用のご検討を [043 & CHAPTER8・9] へ

093　戦略的"ボーッとする"のすすめ

　お金持ちは、「ひとりの時間」を大切にしています。スケジュールを分単位で管理するのも、ひとりの時間を捻出するためという人もいるくらいです。ひとりの時間を作って、何をしているのでしょうか?

　あるCEOは、「**事業計画のプランを練る大事な時間**」、別の起業家は「**頭を空っぽにして、リフレッシュする**」時間だと述べています。

　たしかに、毎日忙しく働いていると、膨大な量の情報にさらされ、たくさんの人に会って話を聞かなければなりません。それが続くと、情報の海に溺れ、自分を見失ってしまうことも。そうならないために、定期的にひとりの時間を作って、静かに情報を整理する時間が必要なのかもしれません。**脳科学の研究データによると、何もせずにボーッとしているときは、脳がリラックス状態に入って、実は創造的な脳活動が活発になるといいます。ひらめきやアイデアが生まれやすくなるのです。**

　もちろん、ひとりの時間を大切にするのは、忙しい日々を送っているからこそ。毎日ダラダラとしているようでは、ひとり時間のクリエイティビティは発揮されないということだけは、覚えておいたほうがよさそうです。

心に火をつける成功者の金言

多少の間違いなんか忘れろ。失敗も忘れろ。
自分がいま、これからしようとしていること以外は
全部忘れてやろうじゃないか

ゼネラル・モーターズ創業者　ウィリアム・デュラント

ボーッとなんてできません　▶目の前のことばかりでは苦労します [083] へ

094 お金持ちがお金に糸目をつけない 「健康への投資」

　お金持ちは、一般の人以上に健康に気を使っています。なぜなら、重い病気にかかって治療に専念するのは時間のムダですし、健康でなければポジティブな思考ができないと考えているからです。そんなお金持ちの健康に対する高い意識に向けたサービスも始まっています。たとえば、予防医療サービスが人気です。ある関係者はこう話します。

「お金持ちは、会員制健康クラブのようなものが好きですね。まあ、サロンのようなものです。病院なら待たなければならないが、会員制健康クラブならそれもない。たいてい年会費が30万〜50万円くらい、入会費用が600万円なんていう高級なものもあります」

　ただし、そこは病気の治療ではなく、人間ドックが最大の売りです。高級な個室が用意され、ドック入り前夜には、一流の料理人によるフレンチを食べられるといったサービスもあります。なぜ人間ドックを売りにするのか尋ねると、**「お金持ちは、やはり不安なんですよ」**という答えが返ってきました。自分が倒れたときに、会社がどうなるかと思うと、病気にもなれない。そこでドックくらいには入っておこうというわけです。病気が見つかれば、それなりに治療もできます。

　お金持ちにとって最大の敵は、実は、病気にかかることなのです。だからこそ、健康には人一倍気をつけているのです。

心に火をつける成功者の金言

大きな声を出してニコニコと明るく元気にやって、 チョッピリ知性があれば、たいていのことはうまくいく

アサヒビール元社長　樋口廣太郎

お金持ちほど確信している「健康こそ財産」

いつも元気だと……

背筋が伸び、朗らかな表情で、爽やかな挨拶。そんな人には「この人に仕事を任せたい」「この人は信頼できる」と思わせられます。また、体が元気だと、心も前向きになります。

病気がちだと……

疲れが残りやすかったり、病気がちだったりすると、仕事がはかどらないばかりか、ここぞというときに力が出ないものです。また、具合が悪いと、どうしても後ろ向きなことばかり考えてしまいます。

健康には、使えるお金はかけておこう！

自分で気をつければいい　▶人に任せるという考え方も ［016］へ

PART VI
お金持ちの「ライフプラン」習慣のポイント

CHAPTER16（p188〜）
なぜ、目の前の仕事ばかりではいけないのか
—5年後の人生を一変させる「計画表」—

- ライフプランを描くことは、よりよい人生を歩もうとする現れ
- 未来を計画しないと、目の前のことをがんばるだけで終わる
- スケジュール帳は、「予定」の確認だけでなく、「自分の夢や目標、したいこと」「考えていること」「愚痴」を書き込む

CHAPTER17（p198〜）
どこで、お金持ちとの差がつくのか
—1日の充実度は「朝と夜」で作られる—

- 脳が疲れている夜は、誘惑に弱い。一方、静かでクリアな脳の朝はゴールデンタイム
- 「早起きできる」＝「セルフコントロールができる」
- 能率の悪い夜時間は、ダラダラ残業する恐れがある
- 誰にも邪魔されない寝る前に、イメージトレーニング

CHAPTER18（p208〜）
なぜ、成功者は、成功し続けられるのか
—心と体の「メンテナンス」の基本—

- お金がかかる医療サービスは、安全と安心で充実しているのが現実
- 何もせずにボーッとして、脳のキャッシュを取り除く
- お金持ちほど、「健康でいることの価値」に気がついている

PART

VII

お金持ちの
「学ぶ」
習慣

「普通の人はあくせく働いて忙しいのに、お金持ちは気楽そうでいい」——そんなことを思っていませんか？　そうだとしたら、それは大きな間違い。お金持ちや成功者は人一倍勉強し、知識や教養を蓄え、それをビジネスや投資に活かしています。お気楽に見えるのは、「学ぶ」ことに抵抗がないから、もっといえば好きで学んでいるからでしょう。学ばずして成功はありません。さあ、成功者の学ぶ習慣を身につけましょう。

CHAPTER 19
何を聞けば、
知識がお金に変わるのか
―お金持ちの「情報リテラシー」講座―

095　お金持ちは、「知識」と「情報」に哲学があった

　いくつものビルのオーナーである資産家のR氏は、若いO君をときどき食事に誘います。O君は学生時代、山岳部に所属し、チョモランマやキリマンジャロなど、世界の名だたる山を登ってきました。R氏は、O君の登山の話にいつも熱心に耳を傾けていました。O君は尋ねます。

「どうして僕の山登りの話をそんなに熱心に聞いてくれるんですか？　バイトで山岳ガイドをやったことがあるんですが、これまで誰も僕の話に聞く耳を持ちませんでした。Rさんはまったく違う」そういうO君の言葉に、R氏は笑ってこう答えました。

「偉そうにして、人の話に耳を貸さないのは、みすみす成功を見逃すようなものだよ。君は山岳ガイドも務める山のプロだろう。私の知らない世界のことをたくさん知っている。それは話を聞くに値する。私は君の話を聞くのが楽しみだよ」さらに、R氏はこう話を続けました。

「知らない世界を知れば、そこに学びがある。だから、その道のプロの話は敬意をもって聞くべきなのだ。とくに、お金を儲けたければ、情報ほど大事なものはない。どこに役立つ情報があるのかわからないのだから、チャンスがあれば、貪欲に学ぶ。それが成功する者の姿勢である」と。

　お金持ちはそこまで情報や知識に貪欲なのです。これは心しておくべきことでしょう。彼らの「情報の扱い方」を学んでいきましょう。

096　連想ゲームで、ビジネスはもっと成功する！

成功する人には「旺盛な好奇心」があるとよくいわれます。

さまざまなことに関心を寄せると、アンテナを張るようになる。アンテナには欲しいと思っていた情報が次々に引っかかってくる。欲しい情報が手に入れば、それだけ成功との距離は縮まっていくことでしょう。投資家として成功しているＩさんも、「好奇心こそ利益のタネだ」といいます。

「投資は連想ゲーム。とくに株式投資は、風が吹けば桶屋が儲かる式に、ある現象が起こると決まって値上がりする銘柄がある。それをいち早く連想できた者が、もっとも大きな利益を手にすることができるんだ。その連想力を鍛えるには、常日頃からいろいろなことに興味を持って、どうしてそうなるのか調べることが重要。世の中に好奇心を持っていなくちゃ、投資の世界で成功することはできないね」

連想買いの初歩的な例としては、気象庁が暖冬予想を出すと暖房機器メーカーの株価が下がったり、皇室のご懐妊報道があるとベビー用品メーカーの株価が上がるといったものがあります。このような連想は誰もが思いつくもので、発表を見聞きしてから株価を見ても、すでに上昇していることが大半です。ガッポリ儲けたいなら、誰も思いつくことができない連想をできるかどうかがカギ。

いずれにしても、好奇心旺盛で常に情報のアンテナを張っている人のほうが、連想のタネを見つけやすいことはたしかでしょう。

心に火をつける成功者の金言

アタマは低く、アンテナは高く

味の素創業者　鈴木三郎助

連想が浮かびやすい環境がある？　▶机周りを調整してみては？［077］へ

097 「専門家の経済予測」で、何がわかるか

　株式投資を始めようと思っても、どんな銘柄を選んでいいかわかりません。「テクニカル分析」（株価などのチャートをもとに分析・判断する方法）や「ファンダメンタル分析」（財務状況などから分析・判断する方法）の知識も付け焼き刃で、何をどう読んでいいのか迷ってしまいます。

　そんなとき、目に飛び込むのが「投資雑誌」。投資雑誌には名の知れたトレーダーや評論家、アナリスト、証券会社のアドバイザーなどが、今はどの銘柄が狙い目かを教えてくれます。投資のプロがいうのだから、彼らが推奨する銘柄を買うのが一番確実だろう。そう思っている人も多いはず。

　投資関連の著作を何冊も出している投資アドバイザーのO氏は、**「専門家の話を鵜呑みにするのは危険きわまりない」**と警鐘を鳴らしています。**「考えてみてください。サブプライム問題で各国の金融機関が揺れ始めたときに、日経平均株価がバブル後最安値を更新するほど急落するなどといった専門家は皆無でした。つまり、プロでさえ相場の先行きは読めないということです。ですから、いかに人気のある専門家といえども、その言葉を鵜呑みにしてしまうのは危ないといわざるをえません」**

　投資雑誌や経済新聞の新年号は、専門家がその年の株価や為替相場の予測をするのが恒例になっています。専門的知識を駆使し、過去の相場の動きを分析しながら語られる予測は、素人にはケチのつけようがありません。「なるほど、トレンドはそうなっているのか。それならば……」と今年の投資戦略に思いを巡らす。でも、あとからその予測の精度を調べてみると、よく見積もっても的中率は半分にも満たない程度。的中率が半分というのは、コインを投げて表か、裏かの確率です。どのような情報を重視するかは投資家それぞれの判断ですが、専門家の信頼度というのは、この程度のものだということを知っておくのは重要なことです。

専門家の予想は、「なぜ？」をキーワードに自分で考える

知らない人が
多い理由とは？

実は、知る人ぞ知る
この銘柄、お勧めです

〇〇分析の
結果では……

トレンドはこうで、
いつもこの変動があるため、
今すぐやったほうがいい！

その分析は
正しいのか？

のせられているかも。
冷静になって考える
時間を作ろう

専門家は損しても責任を
持つわけではありません。
意見はあくまで参考程度に。
最終決断は自分の考えで！

心に火をつける成功者の金言

私の成功や失敗に、最終的に責任を持つのは私だ

アメリカの実業家　ルパート・マードック

確かに、専門家怖い　▶ニュースや本、雑誌もよいものを [108] へ

098 プロのアドバイスを 「聞く」「聞かない」を超えた 第三の利用法

　資産運用を始めると、投資のプロフェッショナルと称する人たちと接する機会が多くなります。たとえば、証券会社の営業マン。株式のプロだからと、彼らが推奨する銘柄をつい買ってしまいますが、投資アドバイザーのO氏にいわせれば、**「それは無謀だ」**ということになります。

「彼らは株式のプロではなく、株や投資信託などの金融商品を売るプロ。手数料を稼ぐために頻繁に売り買いを指示しますし、そもそも推奨する銘柄は会社の事情によって決められます。けっして個人投資家のほうを向いているわけではないですから、ご注意を」

　銀行も個人投資家の資産運用に積極的に力を入れており、投資相談窓口などを設けてアドバイス業務を行っています。これについてもO氏は疑問を投げかけます。まず、銀行が販売する金融商品は手数料が高い。そのため高い利回りを上げなければ、利益を得られません。それに、彼らが本当に個人投資家のために商品選択をしているかというと、それは疑わしいといいます。ある経済雑誌の覆面座談会で、証券や銀行の金融商品販売担当者が**「販売手数料の高い順に商品を勧めている」**という発言をしています。要するに、顧客の利益よりも自分たちの営業成績のほうが優先順位が上というわけです。営業担当者の言葉を真に受けないほうがよさそうです。

　では、「ファイナンシャルプランナー」（FP）はどうでしょうか。金融機関の勤務経験がある投資コンサルタントは、**「FPは玉石混交」**だといいます。

　本来、FPは、将来的なマネー計画を立てるプロで、投資のプロではありません。さらに、証券会社や銀行、保険会社のFPは、当然のことながら自社の商品を優先して勧めてきます。では、独立系のFPはどうかというと、独立系とは言いながら特定の金融機関と密接な関係にある者が多く、その場合は金融機関系FPとたいした違いはありません。顧客の立場に立

って客観的なアドバイスをする FP がもっとも信頼できる存在ですが、そのなかでも適切なライフプランを作成し、投資のアドバイスまで行えるほどの知識と経験を持った FP は本当に数えるほどです。

しかし、ここまで紹介した専門家たちは専門的な知識と経験、そして情報を持っていることはたしか。それは個人投資家にとっても、けっしてムダなものではないでしょう。**専門家が提供する予測や分析を参考情報として受け入れつつ、最終的な投資判断は自分が行わなければいけない**——そのことをよく覚えておいてください。そのためには、資産運用について勉強し、自分の投資基準を確立していくことが大切なのはいうまでもありません。

心に火をつける成功者の金言

私は全員の賛成を待ってやるということはしなかった

YKK 創業者　吉田忠雄

▶専門家の話も大事ですが、自分で学ぶのも大事です［CHAPTER8・9］へ

『成功本はムチャを言う!?』
新田義治（青春出版社）

何冊も成功本を読んでいるのに、いっこうに効き目がない。なるほどとは思うのだが、なかなか実行に移せない。そんな思いを抱いていませんか。それは自分のタイプや性向を無視して、やみくもにマネしようとするからかもしれません。成功本は数あれど、本書は成功本の読み方指南をして、成功に導く書です。自分を知り、自分に合うように工夫して読み込むことが成功本のもっとも効果的な使い方なのです。

<u>099</u>

情報を発信している人ほど、
情報が集まる

　成功する人間が人脈を求める最大の目的は、まだ一般には知られていない有益な情報を手に入れることにあります。つまり、「情報ネットワークの拡大」です。

　「有益な情報が欲しいなら、自分から情報発信することだ」というのは起業家のY氏。彼自身、登録読者数3万を超えるブログ『ビジネス講座』で、貴重な情報が得られるようになったといいます。

　たとえば、ブログ読者をターゲットにしたマーケティングの提案があり、ブログマーケティングやバズマーケティング（口コミを主体としたマーケティング）の手法を学ぶことができました。これはほかのビジネスにも応用しており、かなり役に立つ情報になったようです。また、読者からの質問や情報提供にも、思わず目を見張るネタがあり、ビジネスのアイデアやさらなる進化のヒントとして活用しているといいます。

　心理学に「返報性の原理」と呼ばれるものがあります。簡単にいえば、何かしてもらったら、お返しをしたいという心理。こちらが相手のためになる情報を提供すれば、そのお返しとしてこちらに有益な情報をもたらしてくれる可能性も高まるわけです。

　要するに、人からもらおうとするのではなく、まず自分から与える存在になりなさいということ。ブログやツイッター、インスタグラム、メールマガジン、ユーチューブなど、情報発信のためのツールはたくさんあります。少しずつでも情報発信する習慣をつけておくと、思わぬネタが転がり込んでくるかもしれませんよ。

自分で薪を割れ、二重に温まる

フォード・モーター創業者　ヘンリー・フォード

どうやって情報を集めればいい？　▶[CHAPTER20 & 21]

やってはいけない発信とは？　▶愚痴は、やはりいけません［059］へ

お金持ちになるヒント

リッチマンとプアマンの話題の違い

経営コンサルタントとして多くの経営者や各界の著名人と仕事をしてきた某氏は、功成り名を遂げたリッチマンと、ずっとくすぶっているプアマンでは、盛り上がる話題がまったく異なることに気がついたといいます。どんな違いがあるのでしょうか？

リッチマンの話題

健康
ダイエット
自身がやっているスポーツ
共通の友人の動向
相手にとって役に立つであろう話

プアマンの話題

会社や上司の悪口
芸能人のうわさ話
テレビドラマやバラエティ番組
自慢話

「信じる」か、「疑う」か、
二元論を超えた聞く力

投資コンサルタント　W氏

　投資コンサルタントのW氏は、数多くのお金持ちを顧客に持ち、投資案件のアドバイスなどを行っています。成功する投資家の条件とはどういうものか。W氏に話をうかがってみました。

——投資に向かないのは、どんな人ですか？

人のいうことをむやみに信じてしまうような人は、危ない儲け話にコロリと騙されてしまうが、逆に疑り深い人というのもなかなか成功することはできないな。疑り深い人はチャンスの扉を開けられないことが多いんだ。

——信じてもダメ、疑い深くてもダメ。難しいですね。

重要なのは、信じるか疑うかではなくて、まずオープンに話を聞くことだね。

——オープンに話を聞くとは、どういうことですか？

いってみれば、話を中立的な立場で受け入れることだ。信じるか信じないかは、話を聞いてから、他の情報と併せて総合的に判断してからでも遅くはない。まずは、色眼鏡をかけないで、素直に聞くことが重要だと思う。

——具体的にいうと？

たとえば、不動産価格が下落しているときに、いい不動産投資があります
よといっても、ほとんどの人は耳を貸さない。しかし、チャンスをつかむ
人は、そこで一応話だけでも聞いてみようと耳を傾ける。話を頭から否定
しないで、真剣に聞くんだ。とりあえずは、話をまっさらな気持ちで聞い
てみることだね。そういう態度で情報に接していると、いろいろな情報が
集まってくる。もちろん、いい情報もあれば、クズ情報もあるから、吟味
はしっかりしなければならないが、情報をはじめから遮断しているよりは、
チャンスに巡り合える確率はずっと高くなる。

──なるほど、とにかく情報が入ってくることが大切なんですね。

それに、これは本当にいい話かもしれないと思ったら、思い切って飛び込
んでみることも重要。

──決断力ですね。

行動を起こさないのは、何も動いていないのと一緒だ。チャンスがチャン
スでいる期間はそう長くはない。だからこそ、タイミングが大事なんだ。
リーマン・ショックに端を発する世界的金融危機で、東京市場の株価もバ
ブル後最安値を更新するほど急落したが、このマイナスの状況を逆にチャ
ンスと捉えることができた人がどれくらいいただろうか。「ここまで下がっ
た今こそ、個人投資家が株を仕込む絶好のチャンス」と述べる評論家や専
門家はたくさんいたが、その話をオープンな気持ちで聞くことができた人
が、どれほどいたのか。実際に投資するかどうかは別にして、その意識の
持ち方で明暗がくっきり分かれてくるんだ。

　疑心暗鬼な気持ちより、フラットな気持ちで情報に接すること。成功す
る人の思考習慣はみならうところが多そうです。

CHAPTER 20

なぜ、成功者は全員、学び好きなのか
―バカにできない「教養」の必需性―

100 お金持ち流の「ワインの愉しみ方」から、何がわかるか

　高級ワインの価格が高騰しているといいます。ロシアや中国のお金持ちたちがワインを買いあさっているからだといわれています。新興富豪と呼ばれる彼らは、金に糸目をつけず、目の玉が飛び出るような値段のワインをポンポン抜いているとか。庶民にはマネできませんが、高級ワインと廉価ワインはそれほど違うものなのでしょうか？

　ソムリエの資格も持つワインショップ経営者のKさんはいいます。

「高級ワインでしか味わえない深み、品格、たたずまいというものがあるんですよ。それも、10年、20年を超えた熟成によってはじめて生まれてくる深遠さです。廉価ワインに、残念ながらそれを望むのは無理でしょうね。1本の高級ワインの熟成を20年、30年待てるか。そこがお金持ちの余裕でしょう。まだ瓶詰めしてから3、4年しか経っていない高級ワインをすぐに飲んでしまうお金持ちは、ワインのことをよくわかっていない」

「ワインは味や風味だけで飲むものではなく、その文化を味わうものだ」というのは、40代にして悠々自適のリタイア生活を送る資産家のO氏です。彼にいわせれば、高級ワインの背景には、文化があるといいます。その文化を感じ取り、舌と頭で楽しむのが高級ワインであり、心おきなくその特権を行使できるのがお金持ちだということらしい。

　たとえば、フランスの名産地ブルゴーニュ。高級赤ワインの場合、すべ

てピノ・ノワールというひとつのブドウ品種だけで作られますが、畑が1キロ離れただけで味わい、香りが微妙に異なってくるそうです。

それに、造り手の腕が加わります。凄腕の造り手のワインを飲むと、その造り手と語り合っているような錯覚さえ覚えるのだとか。

さらに、ヴィンテージの楽しみ。その年の日照や雨、風などで、ワインのできが左右されます。高級ワインを飲むということは、その風土とともにその年の気候、さらには造り手の哲学までを味わうことでもあるのです。

高級ワインを味わってみては？　お金持ちになるには、お金持ちの文化を知っておくことも大切ですよ。

心に火をつける成功者の金言

面白い仕事があるわけではない。
仕事を面白くする人間がいるだけなのだ

楽天創業者　三木谷浩史

文化を学んでビジネスに？　▶次の［101 & 102］にヒントがあるかも

『夢をかなえるゾウ』
水野敬也（飛鳥新社）

平凡なサラリーマンが神を名乗るけったいなゾウのガネーシャに導かれ、人生を変えていく物語。神様が関西弁で突拍子もないことを話すなど、かなりコミカルな調子で話が展開していくので、肩ひじ張らずに軽い気持ちで読み進めることができます。もちろん、なかで述べられているのは、成功法則の王道を行くものですから、楽しみながら成功者の思考を学んでいけます。まだ成功本を読んだことがない人が、ファースト成功本として選択するのにちょうどいい一冊でしょう。

101 ビジネス成功者ほど、古典芸能に詳しい理由　その1

　30代の若さで外資系商社の日本総代表を務めるN氏は、博覧強記で知られています。とくに、歌舞伎、能、狂言といった日本の古典芸能についての造詣が深く、話術の巧みさもあいまって、彼の語りに感心する人は多い。なぜ、それほど古典芸能に詳しいのか、尋ねてみると、彼は笑いながらこういいました。

「日本人が、歌舞伎や能、狂言などの伝統芸能を知らな過ぎるんですよ。実は僕も以前はそれほど興味を持っていませんでしたし、詳しくもなかったんです。でも、あることがきっかけで勉強するようになりました」

　N氏が大学時代にフランスへ旅行したときのこと。彼は、「ヴェズレーの教会と丘」として知られるサント・マドレーヌ大聖堂に立ち寄りました。そこで、彼は身なりの貧しそうなひとりの老人と出会ったのです。

　その老人がN氏に話しかけてきた。どうやら彼はこの教会の歴史を語っているようでしたが、N氏は老人に圧倒されたといいます。「失礼な言い方ですが、その老人は貧しく、あまり学があるとは感じられませんでした。しかし、彼が自分の国フランスの文化に大きな誇りを抱いていることはよく伝わってきました」。老人は、サント・マドレーヌ大聖堂についてひと通り語ると、今度は彼に尋ねてきました。「日本の文化はどんなものなのか」と。

　しかし、N氏はまったく答えることができませんでした。日本文化への知見があまりにも乏しかったからです。顔から火が出るほど恥ずかしく思いました。それから、N氏は日本の文化について、いろいろ学ぶようになったといいます。学んでみると、これが面白い。古典芸能についての見方も変わり、今ではすっかり古典ファンとなりました。そして、それがN氏の仕事にも変化をもたらしたのです。

102　ビジネス成功者ほど、古典芸能に詳しい理由　その2

　日本文化への回帰は、思わぬチャンスを彼にもたらしました。日本の商社の海外駐在員として海外で暮らしていたときに、N氏は外国人ビジネスパーソンから一目置かれる存在になったのです。というのも、彼以外、まともに日本の文化について語れる人がいなかったからです。

　その後、彼は外国人ビジネスパーソンとの交流を通じて、外資系商社にヘッドハンティングされ、日本人ビジネスパーソンとは比べものにならないほどの年収を得るようになりました。そのきっかけを作ったのは、自分の国の文化をきちんと学ぼうという、ある意味で当たり前の勉強だったことはいうまでもありません。

　多くの日本人は伝統文化にあまりに無関心で、歌舞伎上演がもっとも多い東京都に住むエリート・サラリーパーソンでも、「歌舞伎なんて一回も見たことがない」人が大半です。西洋文化に飛びつく代わりに、自国の文化をないがしろにしてきたといってもいいでしょう。

　外国人のなかには、東洋、とくに日本の文化に関心を持つ人が少なくありません。そういう人に日本の文化を問われたとき答えられないようでは、無知無教養と受け取られかねません。逆にいえば、自国の文化を語ることができるだけで、教養人として認められ、「たいしたヤツだ」と信用されやすいということです。

　「外国の人と取引をするときに必要なのは、相手の国のことを知るよりも、自分の国について語れることのほうが重要だということがよくわかりました。海外を股にかけて活躍したい人は、もっと日本のことを勉強するべきでしょう」とN氏はいいます。

　学ぶべきは外のことよりも、まず内側のこと。日本について、日本の文化について認識を深めておくことが重要です。

103 家計簿をつけられる大人ほど、金銭感覚が鋭い

「仕事で成功するには、財務諸表が読めなければいけない」とよくいわれます。財務諸表には、「会社に資産がどれくらいあるか」「利益をどれくらい出しているのか」「借金はどれくらいあるか」「その利息の支払いはどれくらいなのか」「毎月の経費はどれくらいかかっているのか」など、会社の経営状態にまつわるあれこれが記されています。

これを読み取ることで、「経費は効率的に使われているか」「お金の流れにムダはないか」といった事柄も見えてくるわけです。このスキルは、自らビジネスを運営していくうえでも、また株式投資の対象を見るうえでも非常に大事です。

「財務諸表を読めるようになりたかったら、まず、家計簿を複式簿記でつけてみるといいですよ」

こう語るのは、コンサル出身のさる経済評論家です。

財務諸表を読むのは、そう難しいことではありません。簿記の3級程度の知識があれば、それなりに読めるようになるといいます。それなのに敷居の高さを感じるのは、多くの人にとって簿記が身近ではないからでしょう。

大事なのは自分でつくってみることで、このとき家計簿は格好の素材だといいます。たしかに家計簿なら自分で毎日つけられるし、お金の出入りも少ないから、初心者がつけるにはぴったりでしょう。

最初は面倒で難しい作業に感じられても、慣れてくれば機械的にできるようになります。やがて「損益計算書」や「貸借対照表」にもなじみができ、財務状況もわかるようになってくるはず。

また、**「すべての会計数値を1時間あたりの単価で考えるクセをつければ、自分が1時間あたりいくら稼いで、いくら使っているかもわかる」**と先の経済評論家は述べています。そこから今の自分にどれくらいの価値が

あるか、さらに稼げる人間になるには、どうすればいいかといったことも考えられるようになるでしょう。

心に火をつける成功者の金言

同じ物でも考え方一つ。
やるやつはやるように考えるし、
へこたれるやつはへこたれるほうへ考えてしまう

東京電力元社長　松永安左ェ門

▶お金も計画的に使うのはいかがでしょうか［CHAPTER16］

お金持ち
の
課題図書

『世界最強の商人』
オグ・マンディーノ（角川書店）

少年が師匠から受け継いだのは10巻の巻物。そこに書かれている教えによって成功を収めた少年はいつしか年老い、次にその巻物を託す若者を待っていた——という物語仕立ての成功指南書です。平易で読みやすいので、誰でも気軽に楽しむことができると思います。「命ある限り努力しろ」とか「失敗という墓場に送られるのは私の運命ではない」など、多少芝居がかっていてアツいところがあるので、ちょっとへこんでいて、派手な言葉で熱い叱咤激励を受けたいときには、よく効く一冊になるでしょう。

104 「取ってトクする資格」 「ムダになる資格」の見分け方

「もっと稼げる仕事をしたい」「転職して収入アップを図りたい」という とき、資格の取得を思い浮かべる人も多いことでしょう。他人との差をア ピールするなら、資格の存在はわかりやすい。ただ、ここで注意したいの は、どのような資格を取ればいいかということです。

「お金持ちになりたいなら、取得までに時間がかかるものは避けたほうが いい」

そう語るのは「理学博士」「MBA」「行政書士」「宅建取引主任者」など、 いくつも資格を持ち、優良企業を経営するT氏。

「高収入に結びつく資格」というと、医者や弁護士といった難関の資格 が思い浮かびますが、医師の場合、国家試験を受けるまでに大学に6年も 通わねばならず、その後、独立して開業できるまでは、さらに何年も時間 を費やします。

同様に、弁護士も司法試験に合格するまで、何年も受験勉強しなければ ならないのが一般的です。何年も苦労した挙げ句、結局「自分には無理」 とあきらめることにでもなれば、それまでの数年間を棒に振ることになり かねません。

お金持ちを目指すのであれば、できるだけ短期間で取れる資格を目指し たほうがいいでしょう。一時期的にはがむしゃらに勉強しなければならな いとしても、できれば3カ月、長くても1年程度の勉強で合格が見込める 資格を探すこと。

また、短期間に取得できる資格のなかで、もっともレベルの高いものを 目指したほうがいいともいいます。たとえば簿記なら、2級や3級なら多 くの人が持っています。1級まで持ってはじめて、人目を引く資格となる のです。

「履歴書を見るときは、やはり人と違う資格を持っている人は目立ちますね。能力もそうですが、『志の高さ』みたいなものを感じるんですよ」

そう語るのは、さる金融機関の人事担当者です。

たんなる「資格を持っている人」ではなく、「このジャンルに秀でた優秀な人」という目で見られてはじめて、「お金になる資格」といえるのです。

心に火をつける成功者の金言

できると思えば可能だ、できないと思えば不可能なのだ

フォード・モーター創業者　ヘンリー・フォード

▶ 資格勉強の前に、天職か考えてみましょう ［CHAPTER15］ へ

お金持ちになるヒント

お金持ちに多い職業は何？

一般的にお金持ちの職業というと、医者、政治家、プロスポーツ選手、弁護士、タレントなどが思い浮かびます。実際には、どんな職業にお金持ちが多いのでしょうか？　年収 3000 万円以上稼ぐ職業の割合を見てみましょう。

年収 3000 万円以上の職業の割合

1位	企業経営者	33.3%		4位	芸能人・スポーツ選手	2.2%
2位	医師	15.4%		5位	弁護士	0.4%
3位	経営幹部（社長以外）	11.6%				

1位は企業経営者ですが、大企業の経営者より、中小企業の社長のほうが儲かっています。これはオーナー社長か、サラリーマン社長かが影響しているのでしょう。2位の医師は、勤務医より開業医のほうが稼いでいるのはいうまでもありません。

CHAPTER 21
どうして、
お金持ちは共通して本を読むのか
―最大の自己投資「読書」のすすめ―

---

105 成功者は、総じて
超読書家である真相

お金持ちは勉強熱心です。彼らは貪欲に学びます。学ばなければ、成功も、お金を稼ぐこともできないことを知っているからです。

成功した人に、どのように知識を仕入れ、ノウハウを獲得してきたかを聞いてみると、ある共通点が浮かび上がってきます。それは、**本を大量に読んでいる**ということ。興味深いことに、学歴の高い人のほうが本を読んでいるとは限らず中卒であっても、例外なく読書を習慣としていました。それも、趣味の領域をはるかに超えた量を読んでいます。

仕事で全国を飛び回る忙しいはずのある経営者は、「これは！」と思える本を見つけたら、とにかく目を通すようにしているそうです。

「『じっくり読もう』『中身を頭に入れよう』と思わず、とにかく活字を目で追っていく。最初は、読んでもなかなか頭に入ってこないが、同じようなジャンルの本だと、さまざまな情報をインプットしていくうちに、ある日突然、わからなかった内容が、すっと頭に入ってくるようになってくる」

英語の聞き取りがまったくできない人が、英語のシャワーを浴びているうちに、ある日突然、相手のいっていることが聞き取れるようになることがありますが、乱読はこれと似た効果があるようです。

空いた時間で目を通すだけでいいとなれば、読書に対して身構えがちな人でも、可能なのではないでしょうか。

本を大量に読むお金持ちの、その読み方とは

大量に読むことでノウハウを獲得

どんな本を読む？

専門誌 即時性なら、ネットやテレビ、新聞だが、専門誌は
世に出ていない情報や、質のよい知識に出会える

歴史小説 歴史の中に、現代に活かせる教訓アリ

どうやって本を選ぶ？

❶専門家や知人の読書家の勧めに従う
❷読書家のブログを参考にする

心に火をつける成功者の金言

成長していないなら、死にかけているんだ

ウォルト・ディズニー・カンパニー創業者　ウォルト・ディズニー

どんな本を読めばいい？　▶本書で紹介している課題図書［P253］

106 時間を有効活用する読書家は、まず“ここ”をチェックする

　成功している人は、とにかく多忙です。そのなかで、本を読み、知識を蓄えるには、質のいい本の読み方をしているに違いありません。

「本はたくさんありますが、自分に合わない、役に立たない本を読んでも時間のムダでしかありません。要は、自分に役立ちそうな本をどうやって見分けるかに尽きると思います」

　そう語るのは、若くして株式投資で巨額の資産を築いたデイトレーダーのH君。彼は株式投資のいろはから、儲けを出すノウハウを読書で獲得してきたといいます。つまり、彼は本を読んで成功した人間なのです。

　では、どうやって本を見極めているのか。H君の方法論は明快です。

「『まえがき』や『あとがき』を読んで、難しい、理解しにくいと感じたものは保留しています。自分にはまだ、時期尚早と判断するんです。仕入れなければならない情報はたくさんあるので、スピードを重視して、鈍らせるものは除外している」

　たしかに、「まえがき」と「あとがき」は、その本の内容をコンパクトに映し出していることが多く、そこを読めばだいたいの内容を把握することができます。さらにH君は、本を全部読もうとせずに、興味ある部分、必要な部分に絞って読んでいます。これなら、余計なところは飛ばせるから、読書にかかる時間を大幅に短縮することができます。

心に火をつける成功者の金言

何事も小さな仕事に分けてしまえば、
特に難しいことなどない

マクドナルド創業者　レイ・クロック

質のよい本を大量に読む方法

❶役に立つ本か見極める

まえがき　あとがき　をチェック！

「まえがき」「あとがき」には、その本のエッセンスが詰め込まれている。短時間で本の全体像や著者の考えがざっとわかる

❷スピードを重視する

仕入れたい情報は山ほどあるので、まず情報量を増やす。
内容が自分のレベルと比べて難解の場合は、ひとまず保留して、易しめの本、とっつきやすい本から読む

❸自分が知りたい情報だけを絞り込んで読む

鉄則　・はじめから終わりまで、すべてを読もうとしない
　　　・興味のある部分、知りたい部分をピックアップして読む

自分の知りたい情報に超特急でたどり着く！

読書にスピードは必要？ ▶ 本を参考に、行動することが大事です［014］へ

『レバレッジ・リーディング』
本田直之（東洋経済新報社）

１日１冊、ビジネス書を効率的・戦略的に読みこなす読書法の本。多くの成功者の体験やノウハウが詰まった成功本の多読は、短時間で成功者の疑似体験ができる最高の方法論。特別な訓練をすることなく、勝者の思考を身に付けられます。毎月かなりの数のビジネス書が刊行されていますが、その選び方や読み方など実践的なノウハウが述べられているので、本選びの指針にもなります。

107 頭のいいお金持ちほど、"ムダな本、ムダなセミナーはない"と断言する理由

　さる大物ジャーナリストは、「本を読むとき、全部が面白いなどと期待してはいけない。一か所でも役に立つ情報があれば、それだけでその本は読む価値がある」といっています。自分にとって必要な情報が獲得できれば、その本を読む時間も費用も価値あるものというわけです。

　某投資セミナーのあるコーチも似たようなことを述べていました。

「受講生のなかには、『今日の話はまったく参考にならなかった』という人がいるが、まったくわかっていない。『ひとつでも学んだことがあって、よかった』と思える人ほど、受講して成長できるんだ」

　また、「勉強はしたいけれど、そんなお金はない」「こんなセミナーにお金を払えない」という人はみすみすチャンスを逃がしているともいいます。まずは参加してみることが大事。たいてい実になる情報が得られたり、考えが深まるきっかけを与えてくれます。

　仮にいい情報がひとつもなくても、セミナーや情報に対する鑑識眼が育まれる。「そういう経験が大事なんです」とさるコーチは力説します。

　転んでもタダでは起きないのが、お金持ちの考え方。本でもセミナーでも、何かしら得るものを見つけ出し、自分のコヤシにしてしまいます。一気にたくさんの情報を得られなくても、コツコツと知識を積み上げていく。そういう貪欲な姿勢が、儲けにもつながっていくのでしょう。

心に火をつける成功者の金言

これで十分、という考えはあらゆる進歩の敵だ

NCR 創業者　ジョン・ヘンリー・パターソン

ムダを学んだら、次のステップへ [060] へ

108　超読者家のお金持ちは、どんなジャンルを読むのか

　読む本は、それなりに「選択する」ことも大切です。

「やはり質のよい情報に触れることは大事です。雑誌なら、一般誌よりも専門誌。中身の深さでは専門誌にかないません。中途半端な内容を読むぐらいなら、少々難しいと思っても専門誌を読んだほうが、質のよい情報に出会えます」というのは某経営コンサルタント氏。

　質のよい情報に多く触れていると、思考は自然と深まりますが、質のよい情報にどのように出会えるのでしょうか。もっとも簡単なのは、専門家や読書好きの人に聞いて、情報を積極的に取り入れてしまうのです。

　読書へのとっかかりがつかめない人は、周りの人に「一番いいと思った本、教えてください」と聞くことから始めてみましょう。専門家や読書好きが"一番いい"と思った理由がどこかにあるため、かなり効果的です。

　また、成功者たちが好んで読む本のジャンルのひとつに「歴史小説」があります。歴史上の人物の行動や考え方に現代に通じる教訓が含まれているからです。**功成り名を遂げた偉人たちが、何を考え、どのように行動してきたのか——それを知ることで、自分の人生やビジネスのヒントを探っている**のです。では、どんな偉人たちの物語を読んでいるのか。ネットで歴史書をワードクラウド解析してみると、面白いことがわかりました。

　もっとも人気が高いのは、中国古典の兵法書『孫子』です。日本のものでは、定番の坂本龍馬や大河ドラマで取り上げられた渋沢栄一が注目を集めています。西洋ものでは、マキャベリの『君主論』。

　成功者が好んで読んでいる歴史書。そこに書かれている教訓は、きっと役に立つはず。まずは一冊手に取ってみてはいかがでしょうか。

CHAPTER 21　どうして、お金持ちは共通して本を読むのか

237

109　お金持ちはマンガからも「知恵」を手に入れる

　日本は世界最大のマンガ大国。中年サラリーマンから小学生までよくマンガを読んでいますが、実は成功者やお金持ちにも、マンガ愛好家が少なくありません。すでに50歳をいくつか超えた某企業の経営者も、大のマンガファン。失礼ながら、その風貌からはとてもマンガを手に取りそうには見えません。そんな人物がマンガを貴重な情報源と言い切るのですから、マンガの力、恐るべしです。マンガは実に幅広い題材を扱っているので、手軽に多岐にわたる情報を得ることができます。自他ともに認めるマンガフリークである若い投資家はいいます。

「たとえば、『ゴルゴ13』は、最新の軍事情報やウラの世界の情報をチラリとですが、うまく載せている。現代を知るひとつのヒントにはなりますよ。海外情勢については、ある意味、テレビや新聞よりも本質を突いているのではないかと思います」

　さらに、海外の人間とコミュニケーションを深めるのにも、マンガは大いに役立ちます。というのも、日本のマンガは海外で「クール・ジャパン」の代表であり、かなり読まれているからです。

　たとえば、『ドラゴンボール』はハリウッドで実写映画が製作されていますし、ヨーロッパでもっとも有名な日本のサッカーといえば『キャプテン翼』。マンガからテレビアニメ、そしてアニメ映画になった『鬼滅の刃』は世界各国で大ヒットを記録しています。このように、今やマンガは、「ゲイシャ」「フジヤマ」「キョウト」に並ぶ日本の代名詞となっているのです。

　当然、海外にも日本製アニメオタクがたくさんいますし、かなりの知識階級や経済的成功者のなかにも日本のマンガファンは少なくありません。そんな人たちとの会話でマンガを話題に盛り上がるなんてことも珍しくないのです。マンガは日本が世界に誇る文化。マンガを侮ってはいけません。

マンガが、“学び”になるいくつもの理由

理由1 多様性があり、扱っている分野が広い

例：ビジネスパーソン、医者、公務員、スポーツ選手、消防士、棋士、テロリスト、消費者金融など

理由2 ドラマ化、映画化されたりするものほど、人やモノを深く描いている

理由3 海外の人間とのコミュニケーションのひとつに

さまざまな職業を
扱っているので、
その世界を手っ取り早く
知ることができる

ストーリーや人間の
描き方が深く、
活字にはない表情や
しぐさを見る目が養う

日本は世界最大の
マンガ大国。海外でも
多く読まれている

マンガと書籍は
同等なほど貴重なもの

仕事に役立つマンガ

『**サラリーマン金太郎**』(本宮ひろ志)
元暴走族の主人公がビジネスマンとして
成長していく姿を描く

『**島耕作シリーズ**』(弘兼憲史)
会長にまで上り詰めていく主人公に学ぶ
ビジネス社会の歩き方

『**ドラゴン桜1＆2**』(三田紀房)
東大合格を目指すダメ高校生が実践する
勉強法は、大人も使える

『**働きマン**』(安野モヨコ)
編集者である主人公や、さまざまな職種
の人の熱い働き方

心に火をつける成功者の金言

一攫千金は偽りの成功。真の人生の勝負は、
じっくり腰を落ち着かせてかかるべきだ

漫画家　手塚治虫

SPECIAL INTERVIEW

「歴史は繰り返す」を知っている人は、
成功のチャンスを逃がさない

投資家　Ｎ氏

　自ら立ち上げたソフトウェア会社を新興市場に上場するまでに育て上げ、大手ソフトウェア企業に売却して数十億円を手にしたＮ氏。その資金を元手に、現在は大口の個人投資家として活動しています。彼が肝に銘じている儲けの哲学は「歴史は繰り返す」。その意味をうかがってみました。

――ドイツの哲学者ヘーゲルは、「歴史は繰り返す」と述べましたね？

たとえば、17 世紀、オランダで起こった「チューリップ・バブル」。チューリップの球根ひとつの値段が家一軒より高かったなんて狂気の沙汰としか思えませんが、当時は知性も教養も兼ね備えた人々がこぞってチューリップに投資していたのです。1929 年の「世界大恐慌」「日本のバブル崩壊」「サブプライムローンのバブル崩壊」と、人間は何度も同じようにバブル経済を生み出し、そして大崩壊という図式を繰り返しています。

――歴史は繰り返すという法則を知って、チャンスをつかめますか？

バブル時、日本の日経平均の最高値は 3 万 8916 円にもなりました。しかし 1990 年になると、一気に反転し、2003 年には 7607 円、実に 80％もの下落です。同じことが中国経済でも起きたが、予想通り、バブルは崩壊した。多くの人が大暴落に慌てふためいて売り急ぐなかでも、私は数億円分を買い入れました。歴史が繰り返すなら、ここは買いです。

──予想通りになりましたか？

ええ、ほどなく株価は反転し、15％ほど戻したところで、利益確定売り。わずか数日間で数千万円ほど稼がせてもらいました。アメリカの住宅バブル崩壊のときも、ドル資産をすべて売却し、円資産に換えたので大きな利益を得ることができました。

──なぜ、バブルの崩壊を予測できるのですか？

簡単なことですよ。友人が50万ドルで買った住宅が、1年後には200万ドル近くになっていた。これはどう考えても異常でしょ？　明らかにバブルです。サブプライムローンの問題も指摘されていましたし、早晩バブルは崩壊する。そう思って、ドル資産を売却したんです。

──歴史のパターンを読み取り、上手に利用しているわけですか。

難しい数式も理論もいりません。そもそも投資にそんな難しいロジックは必要ないのです。現在に過去の事例を重ね合わせて、もっとも状況が似ているときに行動を起こす。ただそれだけのことで、大きな利益を得ることができるのです。

　R氏はふだん趣味のゴルフやダイビングに興じ、その合間に株や為替の取引を行う生活を送り、実に悠然としています。彼の投資スタイルは、大きく下がったときに買い、値を戻したときに売るというシンプルなもの。でも、「上がってきたら買い、落ちてきたら売る」という多くの投資家とはまったく逆の手法です。彼は歴史の法則性に目をつけ、この逆張りで大儲けしているのです。歴史への造詣が彼の投資の大きな武器。みなさんも歴史をひもといて、再現性のあるパターンを探してみませんか？

PART VII
お金持ちの「学ぶ」習慣のポイント

CHAPTER19（p214〜）
何を聞けば、知識がお金に変わるのか
─お金持ちの「情報リテラシー」講座─

- 年齢に関係なく、専門知識をもっていることに敬意を払う
- 好奇心強く、アンテナを広げて得た情報は、ビジネスにつながる
- 「専門家の予測」は、自分の頭で再確認。責任も結果もすべて自分になることを忘れてはいけない
- 会話や、ブログ、ツイッター、インスタグラムなど、さまざまなツールを駆使して情報を発信。質と量のある情報を届ける人ほど、情報も集まる

CHAPTER20（p224〜）
なぜ、成功者は全員、学び好きなのか
─バカにできない「教養」の必需性─

- 高価なワインを味わう人だけが、文化や地理風土の奥深さに気づける
- 古典芸能がわかると、海外で戦える武器になる
- 「暮らしの家計簿」をつける習慣のある人ほど、「会社の家計簿（財務諸表）」に詳しくなれる
- 戦略を持って、資格を取る

CHAPTER21（p232〜）
どうして、お金持ちは共通して本を読むのか
─最大の自己投資「読書」のすすめ─

- 超忙しい経営者でも、「とにかく目を通す」くらい、読書を欠かさない
- 特急で本を見極める方法は「まえがき」と「あとがき」をチェック
- 本やセミナーの鑑識眼は、「自分に合わなかった」を経験して養われる
- おすすめのジャンルは、「専門雑誌」と「歴史小説」。あなどれない「マンガ」の効用

あとがき —— 格差の時代に生き残る習慣を身につけるには

　年々、持てる者と持たざる者の格差が広がっています。さらに、追い打ちをかけるように世界中を新型コロナウイルスが襲い、社会全体の経済活動を破壊していきました。格差はよりいっそう拡大する傾向にあります。

　そんな時代に生き残る知恵——それが、「お金に好かれる習慣」を身につけることです。お金持ちたちはいいます。「お金は待っていても寄ってこない」「がむしゃらな努力では成功を手に入れられない」と。お金を惹きつける考え方や振舞い、行動を続ける人のもとにその結果としてお金がやってくるのです。

　この本でご紹介した数々のエピソードや教訓は、まさに彼らをお金持ちに押し上げた習慣を集めたもの。一つひとつは普通の人とは違うちょっとした考え方、振舞いです。しかし、それを徹底して続けることは、実は簡単なことではありません。だからこそ彼らは人よりお金を呼び寄せることができるのです。この100＋αの習慣を徹底して読み込んで実践すれば、お金に好かれる体質に変わることができるでしょう。

　しかし、人間ですから習慣は忘れてしまうもの。しっかりと根付かせるためには、1カ月後、1年後、5年後と、定期的に本書をパラパラと読み返すことをおすすめします。また、何度も読み返すうちに、以前はわからなかったその習慣の意味に気づくこともあります。理解が深まれば、習慣の効用は高まっていきます。「この習慣のおかげでいいことがあった」と実感できれば、しめたもの。「お金に好かれる習慣」は着実にあなたの身になっています。そのまま実践し続けていけば、さらにお金に好かれる体質になっていくことでしょう。

　「いい習慣を身につけると、すべてが好循環になり、人生を実りあるものに変えてくれる」とあるお金持ちは力説します。

　本書がみなさんにとって、そんな人生のきっかけになりましたら、我々取材班もこんなにうれしいことはありません。

「心に火をつける成功者の金言」一覧

P17 ➡ 失敗することを恐れるよりも真剣でないことを恐れたほうがいい

パナソニック創業者　松下幸之助

P19 ➡ あなたは、残りの人生も砂糖水を売ることに費やしたいのか、
それとも世界を変えるようなチャンスが欲しいのか？

アップル創業者　スティーブ・ジョブズ

P21 ➡ かけがえのない人間になるためには、
常に他人と違っていなければならない

シャネル創業者　ココ・シャネル

P21 ➡ 志を立てた以上、迷わず一本の太い仕事をすればいい

トヨタグループ創業者　豊田佐吉

P22 ➡ リーダーのスピードが、部下のスピードになる。

メアリー・ケイ創業者　メアリー・ケイ・アッシュ

P25 ➡ 最初にあったのは夢と、そして根拠のない自信だけ。
そこからすべてが始まった

ソフトバンク創業者　孫正義

P27 ➡ 人間、欲のない人間になったらおしまいです。
欲の出しすぎはよろしくないが、欲のなさすぎも困りものです。
欲がないのは、大変きれいに聞こえますが、その実、
骨を折ることが嫌い、精を出すのが嫌いで、
つまり、人間が怠け者の証拠です

実業家　藤原銀次郎

P29 ➡ 私はアップルの経営をうまくやるために仕事をしているわけではない。
最高のコンピュータを作るために仕事をしているのだ

アップル創業者　スティーブ・ジョブズ

P31 ➡ 月に行こうという目標があったから、アポロは月に行けた。
飛行機を改良した結果、月に行けたわけではない

楽天創業者　三木谷浩史

P35 → 即断、即決、即行。
　　　失敗してダメだったら、戻ればいいし、止めりゃいい

ニトリ創業者　似鳥昭雄

P36 → 「いつの日か」は永遠に訪れない

イギリスの出版経営者　ヘンリー・ジョージ・ボーン

P39 → 事実がわかっていなくても前進することだ。
　　　やっている間に事実もわかってこよう

フォード・モーター創業者　ヘンリー・フォード

P41 → 僕は毎日のようにこう自分に問いかけている。
　　　"今、僕は自分にできる一番大切なことをやっているだろうか"

フェイスブック創業者　マーク・ザッカーバーグ

P42 → 60点主義で即決せよ。決断はタイムリーになせ

経団連元会長　土光敏夫

P44 → 何よりも重要な要素は心構えである。
　　　それが成功と失敗の分かれ目になるのだ。
　　　「これはできる」という心構えでいれば、
　　　どのような分野であろうとも何よりの原動力となるのである

アメリカの実業家　アール・ナイチンゲール

P47 → 君が思い悩み、迷ったことは少しも気にすることはない。
　　　何かをつかんだはずだ

資生堂元社長　松本昇

P53 → 私の最大の光栄は、一度も失敗しないことではなく、
　　　倒れるごとに起きるところにある

本田技研工業創業者　本田宗一郎

P55 → 失敗しない人間は、多くの知っておくべきことを知る機会を失う

アメリカの実業家　ジョン・ワナメイカー

P57 → 無理して明るい展望を描くより、
　　　心の中から湧き上がってくる不安を大事にした方が、
　　　努力につながると思っています

大創産業創業者　矢野博丈

P59 ➡ 自分はなんて運がないんだろうと嘆く人がいますが、
最善というのは最悪から生まれてくるものです

日本マクドナルド創業者　藤田田

P60 ➡ 僕はずっと失敗してきた。今までのどのビジネスでも一勝九敗くらい。
唯一成功したのがユニクロです

ファーストリテイリング会長兼社長　柳井正

P61 ➡ 一度も間違ったことのない人はいないだろう。
いるのであれば、それは、何も挑戦しなかった人だ

ダンキン創業者　ウィリアム・ローゼンバーグ

P63 ➡ 卵の時に見て、これはいける、これは駄目だというのは分からない。
人は化けるのです

吉本興業元会長　中邨秀雄

P65 ➡ やってみなはれ　やらなわからしまへんで

サントリー創業者　鳥井信治郎

P67 ➡ 機会は魚群と同じだ。
はまったからといって網をつくろうとするのでは間に合わぬ

三菱財閥創業者　岩崎弥太郎

P68 ➡ 誰でも機会に恵まれないものはない。
ただそれを捕まえられなかっただけだ

カーネギー鉄鋼創業者　アンドリュー・カーネギー

P71 ➡ 仕事をするときは上機嫌でやれ。
そうすれば仕事もはかどるし、身体も疲れない

ドイツの経済学者　アドルフ・ワグナー

P73 ➡ もうダメだというときが仕事の始まり

京セラ・KDDI 創業者　稲盛和夫

P75 ➡ なにもかもすべてやろうとしたり、
すべてが正しく行われることを期待していると、
いつかは失望するはめになります。完璧主義は敵です

フェイスブック COO　シェリル・サンドバーグ

P77 ⇒ 人を動かすための秘訣は自ら動きたくなる気持ちを起こさせること

自己啓発書の作家　デール・カーネギー

P81 ⇒ 問題が大きければ大きいほど、チャンスも大きい。
大した問題でないものを解決しても、誰も金を払ってはくれない

サン・マイクロシステムズ創業者　ビノッド・コースラ

P83 ⇒ 成功者のすべては、小さな思いつきを馬鹿にしなかった人たちである

実業家　藤原銀次郎

P85 ⇒ 明確な目的を定めたあとは、執念だ。ひらめきも執念から生まれる

日清食品創業者　安藤百福

P87 ⇒ 人生は自分でつくるもの。遅いということはない

ケンタッキー・フライドチキン創業者　カーネル・サンダース

P89 ⇒ 少なくとも一度は人に笑われるようなアイデアでなければ、
独創的な発想とはいえない

マイクロソフト創業者　ビル・ゲイツ

P91 ⇒ 常に一歩前進することを心がけよ。停止は退歩を意味する

野村証券創業者　野村徳七

P93 ⇒ 度胸が欲しければ、恐ろしくて手が出ないことに挑んでみることだ。
これを欠かさずにやり続けて、成功の実績をつくるのだ

自己啓発書の作家　デール・カーネギー

P99 ⇒ 事業は金がなければできないが、
正しい確たる信念で裏づけられた事業には、
必ず金は自然に集まってくる

カルピス創業者　三島海雲

P101 ⇒ 「大人の遊び」は人生や仕事に役立つ

岡野工業社長　岡野雅行

P103 ⇒ 金銭は独立の基本なり、これを卑しむべからず

慶應義塾大学創立者　福沢諭吉

P104 ⇒ 十セントを大切にしない心が、君をボーイのままにしているんだよ

アメリカの実業家　ジョン・ロックフェラー

P105 ➡ 節約せずに誰もお金持ちにはなれない。
そして、節約する者で貧しい者はいない

イギリスの詩人　サミュエル・ジョンソン

P106 ➡ リスクとは、自分が何をやっているか
わからないときに起こるものだ

アメリカの大投資家　ウォーレン・バフェット

P111 ➡ 障子をあけてみよ　外は広いぞ

トヨタグループ創業者　豊田佐吉

P113 ➡ 金銭は無慈悲な主人だが、有益な召使にもなる

ユダヤの格言

P115 ➡ 決断の条件は小心・大胆・細心

東京電力元会長　平岩外四

P117 ➡ 焦ってはいけません。私は急ぐ人間が成功したのをみたことがない

愛田観光元社長　愛田武

P118 ➡ 人生がやりたいことと違う方向に向くことはよくある

ソニー元社長　大賀典雄

P123 ➡ 自分の人生なのだから、よくするのも悪くするのも、
原因は自分にあると考えてがんばるしかない

ユニ・チャーム創業者　高原慶一朗

P125 ➡ すべての出来事は、前向きに考えればチャンスとなり、
後ろ向きに考えればピンチとなる。
問題が起きたことが問題ではなく、
どう考えたかが本当の問題である

実業家　福島正伸

P137 ➡ 私の習慣は何だろうと改めて考えてみると、
何かを「する」のではなく、
「しない」ことを決めることかもしれません

星野リゾート社長　星野佳路

P139 ⇒ 回り道が近道のことがある。それが人生だ

三菱総合研究所元会長　牧野昇

P140 ⇒ 不平不満は出世の行きづまり

東武グループ創業者　根津嘉一郎

P142 ⇒ 逃げない人を、人は助ける

パーソナルホールディングス取締役会長　篠原欣子

P144 ⇒ あなたの手にあり、他人が欲している商品を安く売るのは、
　　　　ビジネスではない。あなたの手になく、
　　　　しかも他人が欲していないものを売るのがビジネスだ

ユダヤの格言

P146 ⇒ 「いわれたことを、いわれたとおりにやればいい」時代は、
　　　　もうとっくに終わっている

経営コンサルタント　小笹芳央

P151 ⇒ 絶対に出世が出来ない人間には二種類ある。
　　　　一つは言われたことが出来ない人。
　　　　もう一つは言われたことしか出来ない人だ

カーネギー鉄鋼創業者　アンドリュー・カーネギー

P154 ⇒ 卒業証書を捨てよ

出光興産創業者　出光佐三

P159 ⇒ 人間社会の仕事には、相手があるんです。
　　　　したがって、相手の役に立てばいいんです。
　　　　そうすれば、必ず成功する

つぼ八創業者　石井誠二

P161 ⇒ 墓場で一番金持ちになることは私には重要ではない。
　　　　夜眠るとき、我々は素晴らしいことをしたと言えること、
　　　　それが重要だ

アップル創業者　スティーブ・ジョブズ

P167 ⇒ 長い目で見れば、「努力しない天才」よりも、
　　　　「才能のない努力家」の方が多くのことを成し遂げる

イギリスの銀行家　ジョン・ラボック

P168 ➡ まず紙の上に、自分の考えを書いてみよ。
　　　地図やシナリオは、挑戦への道しるべになる

NEC 元会長　小林宏治

P171 ➡ 事業の成功に奇跡はない。永遠の成功は自分を信じることだ

アメリカの実業家　ジョン・ロックフェラー

P175 ➡ 迷ったときには、10 年後にその決断がどう評価されるか、
　　　10 年前ならどう受け入れられたかを考えてみればよい

昭和電工元会長　鈴木治雄

P176 ➡ 最も重要なのは、自分の能力の輪をどれだけ大きくするかではなく、
　　　その輪の境界をどこまで厳密に決められるかです

アメリカの大投資家　ウォーレン・バフェット

P181 ➡ 自分に欠けているものを気に病む人は、
　　　備わっている大事なものを思えばいい。それだけで悩みは消える

自己啓発書の作家　デール・カーネギー

P189 ➡ 自分の運命は自分でコントロールすべきだ。
　　　さもないと、誰かにコントロールされてしまう

ゼネラル・エレクトリック元 CEO　ジャック・ウェルチ

P191 ➡ 「効率」という言葉はよくない。
　　　「創造性」という言葉を使うべきだ

ゼネラル・エレクトリック元 CEO　ジャック・ウェルチ

P192 ➡ 功を奏するとどめの一撃などない。小さなステップの積み重ねだ

シェリアソン・リーマン・ブラザーズ元会長　ピーター・A・コーエン

P195 ➡ フィードバックが凡人を一流にする

オーストリアの経営学者　ピーター・F・ドラッカー

P201 ➡ 自分で壁を越えてきた経験が自信につながります

ソフトバンク創業者　孫正義

P202 ➡ 人間は働きすぎてだめになるより、休みすぎてサビつき、
　　　だめになることのほうがずっと多い

ケンタッキー・フライドチキン創業者　カーネル・サンダース

P205 → 私たちは、成功の秘訣は仕事量をとにかく増やせばいいと
　　　　勘違いしている、実際は仕事の質の部分が重要なの

　　　　　　　　　　　　ハフィントンポスト創業者　アリアナ・ハフィントン

P206 → 今日は苦しい、明日も大変。
　　　　けれどあさってになれば、きっといいことが起こるんだ

　　　　　　　　　　　　アリババグループ創業者　ジャック・マー

P209 → 多少の間違いなんか忘れろ。失敗も忘れろ。自分がいま、
　　　　これからしようとしていること以外は全部忘れてやろうじゃないか

　　　　　　　　　　　　ゼネラル・モーターズ創業者　ウィリアム・デュラント

P210 → 大きな声を出してニコニコと明るく元気にやって、
　　　　チョッピリ知性があれば、たいていのことはうまくいく

　　　　　　　　　　　　アサヒビール元社長　樋口廣太郎

P215 → アタマは低く、アンテナは高く

　　　　　　　　　　　　味の素創業者　鈴木三郎助

P217 → 私の成功や失敗に、最終的に責任を持つのは私だ

　　　　　　　　　　　　アメリカの実業家　ルパート・マードック

P219 → 私は全員の賛成を待ってやるということはしなかった

　　　　　　　　　　　　YKK創業者　吉田忠雄

P221 → 自分で薪を割れ、二重に温まる

　　　　　　　　　　　　フォード・モーター創業者　ヘンリー・フォード

P225 → 面白い仕事があるわけではない。
　　　　仕事を面白くする人間がいるだけなのだ

　　　　　　　　　　　　楽天創業者　三木谷浩史

P229 → 同じ物でも考え方一つ。やるやつはやるように考えるし、
　　　　へこたれるやつはへこたれるほうへ考えてしまう

　　　　　　　　　　　　東京電力元社長　松永安左エ門

P231 → できると思えば可能だ、できないと思えば不可能なのだ

　　　　　　　　　　　　フォード・モーター創業者　ヘンリー・フォード

P233 ➡ 成長していないなら、死にかけているんだ
　　　　　　　ウォルト・ディズニー・カンパニー創業者　ウォルト・ディズニー

P234 ➡ 何事も小さな仕事に分けてしまえば、特に難しいことなどない
　　　　　　　マクドナルド創業者　レイ・クロック

P236 ➡ これで十分、という考えはあらゆる進歩の敵だ
　　　　　　　NCR 創業者　ジョン・ヘンリーパターソン

P239 ➡ 一攫千金は偽りの成功。真の人生の勝負は、
　　　 じっくり腰を落ち着かせてかかるべきだ
　　　　　　　漫画家　手塚治虫

「お金持ちの課題図書」一覧

P21 →『10億ドルを自力で稼いだ人は何を考え、どう行動し、誰と仕事をしているのか』ジョン・スヴィオクラ　ミッチ・コーエン（ダイヤモンド社）

P23 →『金持ち父さん　貧乏父さん』ロバート・キヨサキ　シャロン・レクター（筑摩書房）

P35 →『世界最強の商人』オグ・マンディーノ（角川書店）

P39 →『「心のブレーキ」の外し方』石井裕之（フォレスト出版）

P43 →『エッセンシャル思考』グレッグ・マキューン（かんき出版）

P47 →『人を動かす』デール・カーネギー（創元社）

P55 →『思考は現実化する』ナポレオン・ヒル（きこ書房）

P57 →『斎藤一人　人生が全部うまくいく話』斎藤一人（三笠書房）

P59 →『ミリオネア・マインド　大金持ちになれる人』ハーブ・エッカー（三笠書房）

P63 →『道は開ける』デール・カーネギー（創元社）

P65 →『生き方』稲盛和夫（サンマーク出版）

P77 →『伝え方が9割』佐々木圭一（ダイヤモンド社）

P81 →『FREE』クリス・アンダーソン（日本放送出版協会）

P101 →『20歳のときに知っておきたかったこと　スタンフォード大学集中講義』ティナ・シーリグ（CCCメディアハウス）

P117 →『お金持ちになれる黄金の羽根の拾い方2015』橘玲（幻冬舎）

P125 →『チーズはどこへ消えた？』スペンサー・ジョンソン（扶桑社）

P137 →『ユダヤ人大富豪の教え』本田健（大和書房）

P141 →『仕事は楽しいかね？』デイル・ドーテン（きこ書房）

P151 →『ビジネスマンの父より息子への30通の手紙』キングスレイ・ウォード（新潮社）

P155 →『7つの習慣』スティーブン・R・コヴィー（キングベアー出版）

P177 →『さあ、才能に目覚めよう』マーカス・バッキンガム　ドナルド・O・クリフトン（日本経済新聞出版社）

P219 →『成功本はムチャを言う!?』新田義治（青春出版社）

P225 →『夢をかなえるゾウ』水野敬也（飛鳥新社）

P229 →『大富豪の仕事術』マイケル・マスターソン（ダイレクト出版）

P235 →『レバレッジ・リーディング』本田直之（東洋経済新報社）

参考文献

『夢をかなえるゾウ』水野敬也（飛鳥新社）/『人生を豊かにするお金のルール』内藤忍（以下、アスペクト）/『内藤忍の人生を豊かにするお金のルール』内藤忍/『時給800円のフリーターが207日で1億2047万円稼いだ』菅野一勢（イースト・プレス）/『ビリオネアに学ぶ億万の法則』サクセス・マガジン原著（イーハトーヴフロンティア）/『お金持ちになる男なれない男の習慣』臼井由妃（学研）/『クビでも年収1億円』小玉歩（KADOKAWA）/『金持ち賢者の習慣術』小泉十三（河出書房新社）/『一冊の手帳で夢は必ずかなう』熊谷正寿（以下、かんき出版）/『勝つ人の考え方　負ける人の考え方』林野宏/『思考は現実化する』ナポレオン・ヒル（きこ書房）/『ホストの出世術』向谷匡史（KKベストセラーズ）/『香港大富豪のお金儲け7つの鉄則』林和人（幻冬舎）/『普通の人がこうして億万長者になった』本田健（以下、講談社）/『貧乏はお金持ち』橘玲/『斎藤一人の絶対成功する千回の法則』講談社編/『セオリー』/『お金は銀行に預けるな』勝間和代（以下、光文社）/『成功本50冊「勝ち抜け」案内』水野俊哉/『すごい人の頭ん中』ビジョネット（ゴマブックス）/『夢をかなえる勉強法』伊藤真（以下、サンマーク出版）/『稼ぐ人はなぜ、長財布を使うのか？』亀田潤一郎/『1日1分言葉の魔術　成功する人のルール』新井イッセー（以下、青春出版社）/『結局「すぐやる人」がすべてを手に入れる』藤由達藏/『ダマされたくない人の資産運用術』上地明徳/『稼ぎ続ける人の話し方　ずっと貧乏な人の話し方』松尾昭仁/『今日の自分を変える　一流の言葉365』名言発掘委員会編/『BIGtomorrow Money』/『仕事観が変わる！　ビジネス名言550』（西東社）/『人生「大逆転」の成功法則』名倉康裕（成美文庫）/『人を動かす』デール・カーネギー（創元社）/『自分らしくお金持ちになるための70の習慣』ブライアン・トレーシー（以下、ダイヤモンド社）/『億万長者より手取り1000万円が一番幸せ』吉川英一/『週刊ダイヤモンド』/『カモにならない投資術』榊原節子（太陽企画出版）/『ユダヤ人大富豪の教え』本田健（大和書房）/『儲かる農業』嶋崎秀樹（竹書房）/『金持ち父さん貧乏父さん』ロバート・キヨサキ　シャロン・レクター（筑摩書房）/『ありえない稼ぎ方』田渕隆茂（中経出版）/『ミリオネーゼの手帳術』佐々木かをり（ディスカヴァー・トゥエンティワン）/『レバレッジ・リーディング』本田直之（以下、東洋経済新報社）/『週刊東洋経済』/『なぜ、この人たちは金持ちになったのか』トマス・J・スタンリー（以下、日本経済新聞社）/『きみはなぜ働くか。』渡邉美樹/『賢者の選択』BS朝日・矢動丸プロジェクト編/『最強の投資家バフェット』牧野洋/『お金をふやす本当の常識』山崎元/『THE21』（PHP研究所）/『非常識な成功法則』神田昌典（フォレスト出版）/『超一流の雑談力』安田正（文響社）/『断る力』勝間和代（以下、文芸春秋）/『女の転機100』CREA編/『ミリオネア・マインド　大金持ちになれる人』ハーブ・エッカー（以下、三笠書房）/『19人のプロが明かす「仕事」論』トップイレブン編/『仕事の達人、27人の「手のうち」！　手帳フル活用術』中島孝志/『仕事で結果を出す！　年収のアップ！　メモ・ノート200％活用術』中島孝志/『金運を味方にする43の方法』中谷彰宏/『お金を稼ぐ！　勉強法』藤井孝一/『働かないで年収5160万円稼ぐ方法』川島和正/『年収2000万円の仕事術』柴田英寿

編者紹介
㊙情報取材班

人の知らないおいしい情報を日夜追い求める、好奇心いっぱいのジャーナリスト集団。あらゆる業界に通じた幅広い人脈と、キレ味するどい取材力で、世の裏側に隠された事実を引き出すことを得意としている。お金持ちが成功し続けられる理由を取材したところ、「ふつうの人」と「お金持ち」の違いは習慣にあることをつかむ。そこで本書は、「お金持ちのノウハウ」や「成功の哲学」など、身体に沁み込ませたい鉄則を収録した一冊。

編集協力▶坂爪一郎
本文デザイン＆DTP▶佐藤純・伊延あづさ（アスラン編集スタジオ）
本文イラスト▶ササキシンヤ

〈図解〉お金持ちトップ1％だけが知っている
お金に好かれる習慣

2021年9月30日　第1刷

編　　者　㊙情報取材班

発　行　者　小澤源太郎

責任編集　株式会社 プライム涌光

電話　編集部　03(3203)2850

発行所　株式会社 青春出版社

東京都新宿区若松町12番1号〒162-0056
振替番号　00190-7-98602
電話　営業部　03(3207)1916

印刷　大日本印刷　　製本　大口製本

万一、落丁、乱丁がありました節は、お取りかえします。
ISBN978-4-413-11366-3 C0030
© Maruhi Johoshuzaihan 2021 Printed in Japan

本書の内容の一部あるいは全部を無断で複写（コピー）することは著作権法上認められている場合を除き、禁じられています。

人生と仕事に効く青春出版社のロングセラー

自分を動かす名言

佐藤 優

ISBN978-4-413-03999-4　1500円

ゼロから"イチ"を生み出せる!
がんばらない働き方

ピョートル・
フェリクス・グジバチ

グーグルで学んだ"10x"を手にする術

ISBN978-4-413-23111-4　1400円

今日からできる!
小さな会社のSDGs

村尾隆介

事例がいっぱいですぐわかる! アイデアBOOK

ISBN978-4-413-23157-2　1480円

子どもが10歳になったら
投資をさせなさい

横山光昭

ISBN978-4-413-23139-8　1350円

ブランディングが9割

乙幡満男

なぜか小さい会社でも勝てる不思議なカラクリ

ISBN978-4-413-23161-9　1490円

成功する人だけが知っている
「小さな自分」という戦略

井上裕之

しなやかに、したたかにチャンスをつかむ

ISBN978-4-413-23175-6　1400円

お願い
ページわりの関係からここでは一部の既刊本しか掲載してありません。折り込みの出版案内もご参考にご覧ください。

※上記は本体価格です。(消費税が別途加算されます)
※書名コード (ISBN) は、書店へのご注文にご利用ください。書店にない場合、電話またはFax (書名・冊数・氏名・住所・電話番号を明記) でもご注文いただけます (代金引換宅急便)。商品到着時に定価+手数料をお支払いください。〔直販係　電話03-3207-1916　Fax03-3205-6339〕
※青春出版社のホームページでも、オンラインで書籍をお買い求めいただけます。ぜひご利用ください。〔http://www.seishun.co.jp/〕